물꽃

수필세계사가 만든 우리시대의 수필작가선 117 박동조 수필집

우리시대의 수필작가선 117

물꽃

박동조 수필집

수필세계사

작가의 말

눈 깜박할 사이 무슨 일이

 젊은 날, 노년은 먼 풍경이었습니다. 누군가의 인생이자, 책 속의 이야기라고 여겼죠. 그런데 어느새 그 풍경의 주인공이 된 자신을 마주합니다. 눈 몇 번 깜박인 사이에 찾아온 이 계절은 허무로 다가왔다가도 고독으로, 때론 삶의 무게로 저의 어깨를 짓누릅니다. 그 무게를 견디며 발견한 작은 깨달음이 몇 편의 글에 담겨 있습니다.
 일부 글은 부부의 '애정전선'을 기록한 일지처럼 읽힐지도 모르겠습니다. 자그락거리는 사소한 다툼 속에서도 서로의 주름진 얼굴에 연민을 느낍니다. 그런 마음이 죽음이 데리러 올 때까지 부부의 사랑을 지켜가게 하는 힘이 아닌가 생각해 봅니다.
 책을 묶고 보니 신호등이 되어버린 현대의 가치관 사이에서 길을 잃지 않기 위해 쓴 글이 눈에 띄게 많군요. 첨단 문화의 물결에서 '낙오자'라는 낙인이 찍힐까 안간힘을 쓴 흔적이라고 이해해 주십시오.

    문학은 인생을 담는 그릇이라고들 하지요. 특히 수필은 체험의 열매를 나누는 문학입니다. 이 변화무쌍한 시대를 힘겹게 살아가는 분들께 첨단 문화에 쩔쩔매는 어리바리한 저의 모습이 백신이 되기를, 아울러 작은 위로가 되길 희망합니다. 황혼의 길을 걷는 분이라면, 제 글에서 당신의 그림자를 발견하실 거라 믿습니다. 제가 이 책을 펴내는 이유입니다.

2025년 광복절을 앞두고

박 동 조

차례

작가의 말

제1부

조각가와 수필가

013　조각가와 수필가
017　기분 좋은 날
021　물꽃
023　엘리베이터를 꿈꾸다
027　여보야
030　소수의견
033　인생백신
037　노년의 개인기
041　생일 선물
045　결명자나무
048　난지도에 대한 기억

제2부

흥이 살아 있다

흥이 살아 있다　057
부메랑　061
건널목 위의 아이들　064
눈물 바위　068
잠의 역설　073
밥값　077
놀이터에 어린이가 없다　081
개, 사람 반열에 들다　085
강아지 손자　094
골목 유치원　098
숨은 그림 찾기　102
태화강 찬가　106

제3부

밥을 버는 일

113   밥을 버는 일

117   말동무

121   어느 운전기사의 사랑 이야기

125   심심해서

128   라떼파파 시대

132   디지털 수업료

136   경적의 양면

140   귀신이 듣고 있다

144   산 조상 죽은 조상

148   제사상 표준안

152   연가시

156   모지랑비

제4부

시간의 모래알

시간의 모래알   163
정물의 시간   166
그 집   170
합수 비가   172
껍데기   175
기프티콘 선물 소동   179
버려진 우물   184
먼 곳   188
거울 속의 이방인   191
유모차   195
황혼의 그림자   199
뜨거운 눈물   204

제1부

조각가와 수필가

남자는 모니터 앞에서 붓방아나 찧고 있는 나를 그럴 듯한 글이라도 쓰는 줄 안다. 방해라도 될까 발뒤꿈치를 들고 걷는가 하면, 텔레비전은 무음으로 시청한다. 그럴수록 '글 변비'가 더욱더 심해진다. 그러다가도 아주 가끔 누가 불러주는 것처럼 글이 써질 때가 있다.

- 조각가와 수필가
- 기분 좋은 날
- 물꽃
- 엘리베이터를 꿈꾸다
- 여보야
- 소수의견
- 인생백신
- 노년의 개인기
- 생일 선물
- 결명자나무
- 난지도에 대한 기억

조각가와 수필가

 칠순이 넘은 남자가 나무를 빚는다. 조각칼로 깎아내고, 끌로 쫀다. 아파트의 좁은 베란다가 그의 작업실이다.
 전생에 그는 사람이 아니고 딱따구리였을 것이다. 창문으로 몰려드는 따가운 여름의 햇살도, 한겨울의 추위도 마다치 않고 나무를 쪼니 기막혀 그런 생각을 해보는 것이다.
 바라보는 나는 저러다 병이 재발하는 건 아닌가 조마조마하다. 오랜 기간 백혈병의 포로가 되었다가 풀려난 지 일 년 만에 심장에 스탠트 시술을 받은 사람이다. 때로는 와락 달려들어 조각도를 뺏고 싶은 충동을 느낀다. 그때마다 조각하는 순간이 행복하다는, 조각하다 그 자리서 숨지는 것이 소원이라는 그의 말이 손을 붙든다. 아파트가 아니라 외진 주택이라면 잠도 자지 않고 나무를 빚을 사람이다. 도리 없이, 파르르 일던 충동은 마음속에서 저 혼자 부대끼다 짚불처럼 슬그머니 잦아들고 만다.

조각에 기울이는 남자의 열정이 못마땅했던 시절이 있었다. 돈이 지배하는 현실에서 가장의 취미는 본분에서 벗어난 곁눈질로 여겨졌다. 그러다 큰 병을 치르고 나서 생각이 바뀌었다. '인생의 저물녘에 오롯이 자신을 바칠 수 있는 일거리가 있다는 건 축복이다.'라고 생각을 바꾸니 마음이 편해졌다. 그렇다고 건강에 대한 걱정까지 사라진 건 아니다. 작업에 혼신이 빠져 있을 때 잠시나마 쉬게 하는 것이 내가 맡은 역할이다.

"여보, 웃기는 얘기해 줄까?"

'웃기는'이라는 사동사는 조각에 열중하는 팽팽한 그의 시간을 자르는 면도날일 뿐, 웃기는 것과는 상관이 없다. 나는 그에게 바깥소식을 물어오는 새 같은 존재이다. 이야기라는 게 그날의 모임에서 있었던 일, 운전하다가 겪은 이야기, 시장에서 느낀 그날의 물가 같은, 남자는 몰라도 되는 내용이 대부분이다. 이야기를 듣는 동안 남자는 조각에서 눈을 떼고 머리와 손을 쉰다. 나는 브레이크가 고장 난 채 달리는 남자를 잠시나마 쉬게 했다는 안도감을 대가로 챙긴다.

밤이 되면 상황이 바뀐다. 남자가 낮 동안의 피로를 덜고 있을 때, 나는 컴퓨터 앞에서 글을 짓겠다고 머리를 쥐어짠다. 그런다고 신통한 글을 얻는 것도 아니다. 나물 씻다 시간 다 보내는 서툰

요리사처럼 문장 하나 들고 주물럭거리다 말기 일쑤다.

 이럴 때는 문단에 발을 들인 게 후회스럽다. 겁 없이 들어선 문학의 세계는 만만하지 않았다. 끊임없는 창작욕과 열정으로 무장하지 않으면 좋은 글을 얻기가 언감생심이었다. 모자라는 낱말과 메마른 감성을 다 된 치약처럼 짜내어 쓴 글은 자신이 읽어봐도 어설펐다.

 젊은 시절, 미명이 드리운 새벽에 책상 앞에 앉아 생사를 해탈한 글을 쓰는, 우아하게 주름진 내 모습을 상상하곤 했다. 그럴듯한 상상은 잠에서 깨어나면 사라지는 꿈과도 같았다. 해탈은커녕 시간이 흐를수록 글 쓰는 일이 무서워졌다. 그럴수록 조각에 몰입하는 남자가 부럽다. 어떻게 해야 저 사람처럼 남의 시선에 아랑곳없이 글에만 헌신할 수 있을까가 내 삶의 화두다.

 내게도 글 쓰는 일이 행복했던 시간이 있었다. 글쓰기에 몰입되어 날이 밝는지도 몰랐던 그때는 머릿속에 그려지는 생각을 시간이 지나도 문장으로 옮길 수 있었다. 나이가 깊어지고 나서는 어찌 된 셈인지 생각을 옮기려고 컴퓨터 앞에 앉으면 머리부터 하얘졌다. 그것을 나이 탓으로 핑계를 대고, 젊음을 앗아간 시간이란 괴물이 기억력과 집중력을 먹어 치운 것도 모자라 어휘의 곳간을 다 털어갔다고 한탄한다.

 남자는 모니터 앞에서 붓방아나 찧고 있는 나를 그럴 듯한 글이라도 쓰는 줄 안다. 방해라도 될까 발뒤꿈치를 들고 걷는가 하면, 텔레비전은 무음으로 시청한다. 그럴수록 '글 변비'가 더욱더 심해진다. 그러다가도 아주 가끔 누가 불러주는 것처럼 글이 써질 때가 있다.

남자는 이때를 용케도 안다. 과일을 챙겨와 쉬어가며 쓰라고 친절을 부린다. 웃기는 이야기를 곁들이는 것도 잊지 않는다. 글을 쓴답시고 컴퓨터 앞에 앉아서 인터넷 서핑으로 흘려보낸 시간이 많은 내게는 인터넷에서 건져온 그의 이야기가 새로울 게 없다. 그래도 시침 뚝 떼고 재미있다고, 진짜 웃긴다고, 손뼉을 쳐가며 딴전 피운 무렴함을 얼러방친다.

그 순간부터 글쓰기는 멈춤에 든다. 나는 장구 나무라는 선무당처럼 남자가 원망스럽다. 모처럼 찾아온 '글 신'을 영접하지 못한 것이 못내 아쉽다. 그것도 잠시, 컴퓨터를 벗어날 구실을 얻은 것에 쾌재를 부른다.

나는 남자가 빚은 조각품의 첫 관람자이고, 남자는 내가 쓴 글의 첫 번째 독자이다. 그간의 노고를 알기에 '엄지척'으로 서로를 응원한다. 덕분에 버름하던 사이가 동지처럼 가까워졌다. 추구하는 장르는 다르나 창작에서 오는 고민의 무게는 어금버금하다.

다행스레 우리는 한쪽 눈을 감고 서로를 보는 재주를 가졌다. 오십 해 동안의 자신을 버리는 연마 덕분이다. 한쪽 눈을 감으니 마음을 복작이게 하는 상대편의 티끌이 보이지 않는 기적이 일어났다. 기운 떨어져 허청거릴 저문 인생길에서 서로를 연민하는 눈이 생겨 그나마 다행이다.

기분 좋은 날

    오랜 장마 기간임에도 뜨문뜨문 해가 났다. 말간 해가 검은 구름을 헤치고 얼굴을 빼끔 내밀다가도 후두두 작달비가 쏟아지곤 했다. 시장에 가기 전에 날씨가 어떨지 남편에게 물었다. 비는 안 올 거라고 했다. 젊은 시절 한때 기상청에서 근무한 이력이 헛되지 않아 남편의 일기예보는 대체로 맞는 예가 많았다. "그래도 이런 날씨는 언제 비가 쏟아질지 모르니 우산은 가져가는 게 좋겠다." 라는 남편의 말을 "비 오면 맞지 뭐." 농담으로 눙치고는 집을 나섰다.
    장을 보고 계산을 치렀다. 이게 웬 떡! "오만 원 이상의 구매 고객께는 3,500원짜리 두부 과자가 나갑니다." 하지 않는가. 오만 원을 아슬아슬하게 넘겼으니 두부 과자는 횡재였다. 모르고 장을 봤는데도 아귀가 맞아떨어진 것에 한껏 기분이 좋았다. 내 돈 쓰고 받은 3,500원짜리 과자 한 봉지에 영혼을 팔았다고 놀리는 이도 있을 테지만 이럴 때 느끼는 소소한 행복감은 돈으로 환산이 안 되는 주부만의 특권이다. 이벤트 행사가 있다는 걸 알고 정해진 금액을 채우려고 장을 봤더라면 기쁨은 반의반으로 쪼그라들었을 것이다. 거기다 오만 원 이상은 배달도 가능하니 '꿩 먹고 알 먹고'라는 속담은 이럴 때 쓰라고 나온 말 같았다.

물품들은 배달로 처리하고 마트에서 나왔다. '아나, 콩이다. 비 맞아봐라!' 집 나설 때 내가 했던 말을 놀리기라도 하듯 좍좍 소나기가 내리고 있지 않은가. 휘몰아치는 빗줄기로 거리는 안개가 낀 것처럼 자욱했다. 못다 산 식료품이 있어 식자재마트에도 들러야 하는데 낭패였다. 비 오면 맞을 거라고 큰소리는 쳤어도 소나기 속을 달려갈 엄두는 나지 않았다. 장대 같은 빗줄기는 삽시간에 물에 빠진 생쥐 꼴로 만들어놓을 게 뻔했다.

택시를 탈까, 비 긋기를 기다릴까, 셈을 하며 우두커니 서 있으려니 요행스레 빗줄기가 조금씩 가늘어졌다. 건널목만 건너면 학교 담벼락을 뒤덮고 있는 울타리 나무들이 비를 가려줄 것 같았다. 학교 담 끝에서 식자재마트까지는 한달음의 거리였다.

예상은 빗나가지 않았다. 뛰어서 건널목을 건너고, 학교 담벼락 아랫길로 들어서자 우거진 나무들이 우산이 되어 주었다. 길은 고즈넉했고, 검푸른 잎들에서 뿜어져 나오는 향기는 싱그러웠다. 뒤에도 앞에도 사람이 보이지 않아 나를 위해 예비해 둔 길처럼 느껴졌다. 날씨가 가져다준 뜻밖의 행운에 가슴은 기쁨으로 용솟음쳤다. 내 안에 숨어있던 유년의 아이가 튀어나와 나이에 변환을 일으킨 것일까. 나이조차 까맣게 잊어버리고 어린아이처럼 깡충거렸다. 지나가는 차들에서 누가 보거나 말거나 부끄럽지 않았다. 어룽거리는 빗속에서 할머니가 춤을 춘들 누가 알아보겠는가. 학교 담벼락 끝에서 식자재마트까지는 달리기 선수처럼 달음박질쳤다.

 필요한 식료품을 사는 동안 비가 그쳐주리라는 바람은 이루어지지 않았다. 식료품 마트 로비에는 우산을 준비하지 못한 사람들이 주욱 늘어서서 비 긋기를 기다리고 있었다. 그들 역시 쨍쨍한 날씨에 '설마 비가 올까.' 했을 것이다. 설마가 사람 잡는다는 옛말이 그냥 나왔겠는가. '현명한 조상들이 만든 말을 무시했으니 대가를 치러야지.' 속으로 읊조리며 늘어선 줄에 끼어들어 날이 개기를 기다리는 사람들에 숫자를 보탰다.

 정오가 지났는지 배꼽시계가 연방 기척을 보냈다. 그제야 아침을 허술하게 때운 남편이 생각났다. 저절로 발이 동동거려졌다. 그때 로비 구석에 수북이 쌓아둔 빈 종이상자 더미가 눈에 들어왔다. 가벼워 보이는 것 하나를 사각으로 접어 머리 위에 뒤집어썼다. 그리고는 의연하게 빗속으로 걸어 들어갔다. 사람들이 어찌 볼까는 안중에 없었다. 위험에 빠진 꿩이 머리만 부덕 아래 숨기는 광경이 떠올랐을 뿐이다. 내가 하는 행동이 꿩의 짓과 다르지 않은데 왜 기분이 좋은지 알다가도 모를 노릇이었다.

삽시간에 얼굴을 제외한 온몸이 비에 젖었다. 집까지는 삼백 미터 거리였다. 상자를 뒤집어썼지만 절대 뛰지 않으리라 다짐하며 우중의 길을 사뿐거리며 걸음을 옮겼다. 이게 무슨 일인가! 헛것을 본 것 같아 눈을 홉떴다. 양산을 받쳐 든 남편이 부지런히 내 앞으로 걸어오고 있었다.

결혼해서 오십 해를 사는 동안, 어떤 마중도 받아본 기억이 없는 내게는 심장을 뛰게 하는 사건이었다. 우산은 어쩌고 양산을 쓰고 왔느냐는 물음에 우산이 어디 있는지 몰라서라고 대답했다. 자동차 키와 집 열쇠를 걸어둔 걸대에 십 년이 넘는 세월 동안 나란히 걸려 있는 우산을 어디 있는지 모른다고 하는 남자가 오늘따라 귀엽게 느껴졌다.

우리는 양산을 높이 들고 연애 시절로 돌아간 듯 몸을 바투 붙였다. 손바닥만 한 양산일지라도 비로부터 두 사람 얼굴을 가리는 데는 부족함이 없었다. 키들키들 웃는 내게 남편이 왜 웃느냐고 물었다.

"으응, 이만하면 내 인생 족하다는 생각이 들어서!"

물꽃

　밖에서 들어온 남편이 난데없이 손가락으로 물을 찍어 식탁 판 위에 뭔가를 그린다.
　"무슨 글자야?"
　"글자 아냐. 당신에게 바치는 꽃이야. 오늘 우리 결혼기념일이잖아."
　"엥, 물을 찍어 그린 꽃이 결혼기념 선물이라고?"
　"말을 끝까지 들어 봐. 내가 쓰레기를 버리려 현관을 나설 때 당신이 말했잖아, 천천히 조심해서 내려가라고. 그때, '참 오늘이 결혼기념일이지.' 생각이 나더라. 하마터면 잊을 뻔했는데 걱정해주는 그 말에 기억이 난 거지, 근데 내가 오늘 뭘 보았게?"
　"뭘 봤어?"

"이 겨울에 화단 돌 틈에서 노란 꽃을 보았어. 요 며칠, 날씨가 거푸 추웠잖아. 이런 날씨에 어떻게 꽃을 피웠는지 몰라. 꺾어다 결혼 선물 겸해서 당신 보여주고 싶었지만 꽃에 못할 짓을 하고 싶지 않았어. 그러니 이 꽃을 추위 속에 피어난 화단의 꽃이려니 여기고 받아주세요!"

"아이고, 물꽃을 다 선물로 받네. 고마워요, 내 생애 최고의 선물로 접수."

킥킥거리는 웃음과는 달리 증발하는 물꽃을 바라보는 내 심정은 착잡하다. 그새 물꽃은 모양이 일그러지더니 종래 식탁 위에서 자취를 감춘다.

식물인들 고난의 시간이 왜 없었겠는가. 굽이치는 인생길을 헤쳐온 저 사람은 차가운 겨울에 의연히 핀 꽃을 차마 꺾지 못했을 것이다. 그 꽃을 대신한 결혼기념일의 선물이 잠깐 사이 증발하여 자취가 없다. 물꽃이 우리 삶의 상징 같다. 삶의 끝날이 오면 물꽃처럼 사라지고 말 우리의 나날이라니!

엘리베이터를 꿈꾸다

아파트 계단을 오른다. 몇 계단 앞에서 부부로 보이는 젊은 남녀가 도란거리며 올라가고 있다.

"돈 벌어 엘베 있는 아파트로 이사 갈 거야."

젊은이의 결연한 말투 때문일까? 다른 말은 날아가 버리고 그 말만 콕 귀에 박혔다. 마음 안에 출렁이는 희망의 파장이 얼마나 컸으면 우연이 듣게 된 내게까지 충격파가 전해졌을까. 그 말이 깊고 깊은 침잠의 세계로 밀어 넣고 살았던 한 기억을 흔들어 깨웠다.

내가 사는 집은 엘리베이터가 보편화되지 않을 때 지은 6층짜리 아파트다. 뭐가 씌었을 때가 있다. 이 집을 살 때 내가 그랬다. 지인의 소개로 집을 둘러보러 왔을 때 제일 먼저 눈에 들어온 건

거실 안까지 파고든 환한 햇볕이었다. 거기다 앞 베란다에서는 멀리 첩첩이 두른 산이 보이고, 뒤 베란다에서는 연둣빛 뒷산이 정원처럼 가까웠다. 아침저녁으로 그런 풍광들을 마주하고 산다면 엘리베이터가 없어도 행복할 것 같았다.

그 자리에서 계약서를 썼다. 그 무렵, 이 도시에서도 엘리베이터를 장착한 고층아파트가 우후죽순처럼 솟아올랐다. 다가오는 시대는 엘리베이터 있는 아파트가 주거 문명의 대세가 될 거라는 예측 같은 건 내 머리에 없었다.

이사 오고 얼마 되지 않아 나의 이상주의에 빨간불이 켜졌다. 무거운 짐을 꼭대기 층까지 올리려면 무릎이 시큰거리고, 심장이 발작하듯 요동쳤다. 문제는 나이였다. 세월이 한 켜 한 켜 쌓일수록 몸의 기운은 반비례로 쇠락해 간다는 걸 뒤늦게 깨달았다. 젊을 때의 삶은 예측이 불가하나 생활 전선에서 물러난 노년의 삶은 불 보듯 짐작이 가능한 것을, 왜 그것을 간과했는지 자신이 생각해도 모를 일이었다. 나이가 들수록 병원이 가까운 곳에, 엘리베이터가 있는 아파트에서 살아야 한다는 말을 귓등으로 흘려들은 게 후회되었다.

거기다 나를 홀린 풍광은 눈에 익는 순간부터 아무런 정서적 작용을 못 했다. 뒷산에 진달래가 피고, 벚꽃이 만발해도 "어머나, 꽃이 폈네!" 한 번 감탄하면 그만이었다. 반면 엘리베이터 있는 집에 대한 욕망은 시간이 흐를수록 점점 커졌다.

'세상에 집은 많다. 마음과 주머니 사정이 맞아떨어지는 때가 오면 해결될 일'이라고 마음을 편하게 가질 즈음, 남편이 백혈병에 걸리는 시련이 닥쳤다. 크나큰 근심은 작은 근심을 잠재운다. 어떤 걱정도 경각에 달린 가장의 목숨 앞에서는 먼지와 같았다. 앞날의 안위를 보장하는 돈도, 엘리베이터가 있는 집을 마련하려는 꿈도 남편의 목숨을 살리는 조건 앞에서는 무릎을 꿇었다. 그를 살릴 수 있다면 움막 같은 집에 세입자가 되어도 상관없다고 생각했다. 가장이야말로 '세상에서 가장 큰 집'이라는 말을 뼛속 깊이 새기는 순간이었다.

일곱 달의 입원 생활에서 벗어나 집으로 돌아오는 날은 하늘도 청명했다. 아파트에 도착해서 꼭대기 집인 6층까지 오르는 일은 험준한 산맥을 오르는 것처럼 힘들었다. 남편은 난간대를 붙들고 여든세 개 계단을 겨우겨우 올라갔다. 행여나 넘어질까 그를 받치는 자세를 한 내가 뒤따랐다. 그때처럼 엘리베이터가 절실했던 적이 없었다.

치료와 투약 기간, 그리고 관리 기간을 합쳐 무려 다섯 해, 그는 말기 암으로 분류되는 백혈병을 거뜬히 이겨내고 완치판정을 받았다. 그렇다고 일할 수 있는 건강 상태는 아니었다.

나는 적응력이 남다르다는 소리를 듣는다. 이 말은 합리화하는 재주가 있다는 뜻이기도 하다. 이루어질 수 없는 꿈은 차라리 체념하는 게 낫다. 그가 병마에서 이겼다는 판정을 받았을 때, 내 머리에서는 엘리베이터를 갖춘 집에 대한 꿈이 미련 없이 사라졌다.

마음을 바꾸자 엘리베이터 없는 집의 장점이 보였다. 계단을 오르내리면서 단련이 되어서일까? 이사 오기 전부터 불편했던 무릎 관절이 언제부터인지도 모르게 멀쩡해졌다. 날씨가 궂어 공원 걷기가 어려운 날은 계단 오르기로 운동을 대신했다. 서민 아파트라 잘난 척하는 사람이 없다는 것도 마음을 편하게 했다.

나도 신혼 때는 앞서가는 저 젊은이처럼 결연한 희망이 있었다. 그러나 인생길은 마음먹은 대로 가는 길이 아니었다. 느닷없는 행로의 이탈로 예측하지 못한 늪에다 데려다 놓기도 했다.

월급 모두를 저축해도 십여 년의 세월이 걸려야 엘리베이터 있는 아파트를 살 수 있다는 기사를 읽었다. 하늘같이 높은 집값에 아예 집 사기를 포기하고 좋은 차부터 마련하는 젊은이가 수두룩하다고 한다. 그래도 앞서가는 젊은이의 꿈이 이루어졌으면 좋겠다. 젊다는 말은 뭐든 꿈꿀 수 있다는 말과 동의어가 아닌가. 저토록 갈망이 크다면 꿈이 이루어질 거라고 응원을 보낸다.

인생이 잠깐이라더니 꿈꾸고 모색하던 젊은 나는 어디로 가고 체념과 합리화의 달인이 된 나이 든 여자가 누군지도 모르는 젊은이의 인생길을 응원하며 계단을 오른다. 돌아보니 인생이 하루 같다. 그러구러 황혼녘이다. 아등바등하지 않아도 시간은 엘리베이터보다 더 빠른 속도로 인생 종착역에 데려다 줄 것이다.

여보야

한 방송국의 노래 경연 프로에서 결승전에 오른 가수가 남편과 나누는 호칭이 특이했다. 보통 부르는 '여보'가 아니라 '여보야'였다. 그들이 발성하는 세 음절의 단어에서 말이 필요 없을 만큼 극진한 사랑이 느껴졌다.

그들을 보면서 우리도 '여보야'로 부르자고 제안한 사람은 남편이었다. 그러자고 맞장구치면서도 '다 늙어서 주책'이라는 생각이 마음 밑바닥에 깔리는 건 어찌할 수 없었다.

"둘만 있을 때는 우리도 청춘이잖아."

킥킥거리는 남편의 머리카락이 유난히 듬성했다. 머리에 희끗하게 서리 내린 할아버지가 청춘이라며 웃고 있는 모습은 시쳇말로 웃픈 현실이었다. 키득거리는 웃음에다 서글픔이 밀려오는 감정을 숨기고 덩달아 "여보야!" 해보는데 온몸에서 스멀스멀 닭살이 돋았다.

반복은 면역을 키운다. 처음이 이상하지 두 번 세 번 거듭하니 별것 아니었다. 유치하게 젊은 애들 흉내 낸다는 생각도 시간이 지날수록 옅어졌다.

'아' 다르고 '어' 다르다더니 호칭을 바꾸자 변화가 일어났다. '여보' 뒤에 '야' 한 음절 더했을 뿐인데 뇌파에 미치는 긍정의 파장은 놀라웠다. 하찮은 꼬투리에도 충돌이 일어나는 예민한 조합의 부부인 우리에게는 선물 같은 발견이었다.

"여보, 식사하세요." 할 때는 힐끗 돌아만 보고 하던 일을 계속하다 두 번 세 번 재촉해야 무뚝뚝한 표정으로 식탁에 앉던 남편이었다. "여보야, 밥 먹자." 하고부터는 "알았어요." 하고는 첫 바람에 기분 좋은 얼굴로 식탁에 앉았다. '여보야'는 부탁할 때 더욱 유용했다. '야'는 희한하게도 둘의 사이를 말랑말랑하게 하는 연화제 구실을 했다.

'여보'도 간드러지거나 정다운 느낌을 억양에 담을 수는 있다. 그러려면 인위적인 노력이 많이 들어간다. 부러 '보'를 길게 빼야 하기에 자연스럽지도 않다. 화禍를 담을 때는 어떤가? 여든, 보든 한쪽에만 센 억양을 넣어도 이어지는 말을 채 듣기도 전에 기분이 나빠진다. 그 뒤는 십중팔구 핀잔이나 불평 섞인 말이 튀어나온다.

'여보야'는 어떤가. 끝음절을 내려 조금만 길게 발음해도 애교와 정이 담긴 소리로 들린다. 나오는 대로 불러도 끝음절이 부드러워 정답게 들리는 이점이 있다. '여보야' 호칭을 사용하는 부부들이 비교적 사이가 좋은 까닭을 이제야 알다니!

소수의견

 다수결에서 선택받지 못한 의견을 소수의견이라고 한다. 우리 부부는 이 말을 변용해서 쓴다. 이를테면, 상대가 이래라저래라하는 말에 이의가 있을 때, 손을 들어 "소수의견 있어요." 라고 외친다. 상대편은 무슨 말인가 귀를 기울인다. 적응하기까지 다소 시간이 걸렸으나 백 프로 의견이 무시된 적은 없다. 안 들어줘도 기분 나빠하지 말자는 약속이 전제되어 있기에 양쪽 다 부담은 갖지 않는다.
 그전에는 어땠는가? 절대군주 같다고 '네로'라는 별명이 붙은 남자와 융통성이 없다고 '도덕 교과서'가 별명인 여자는 걸핏하면 내가 옳으니 네가 그르니 목소리를 높였다. 여자는 남자를 향해 독선이라고 성토하고, 남자는 여자더러 잔소리한다고 기분 나빠

했다. 두 사람의 저기압으로 집안에는 자주 먹구름이 드리웠다.

　인연 중에 가장 가까운 인연이 부모 다음에 부부라는 것을 인생 황혼녘에 이르러서야 깨달았다. 부부간의 스트레스는 건강을 최대로 해치는 주범이라고 한다. 인생길에 희로애락喜怒哀樂을 함께하는 동반자를 상하게 하는 것은 더할 나위 없는 내 손해며, 어리석은 짓이다. 진즉 그 사실을 알았다면 서로에게 상처 내는 싸움은 덜했을 것이다. 그것을 자각하는 데 수십 년이 걸렸다.

　흔히들 부부 사이를 두고 지지고 볶으며 정든다고 한다. 부부간의 싸움은 칼로 물 베기라고도 한다. 그런 예가 많으니 이런 관용구가 나왔을 테지만, 나는 아니라는데 방점을 찍는다. 내 경험에 비추면 지지고 볶는 일이 잦을수록 사이는 멀어지고, 다투고 나면 칼로 물 베기는커녕 가정 자체가 금 간 유리가 되는 경우가 많다.

　자기주장이 강한 남녀가 배려하는 마음 없이 이룬 가정은 파열음을 생산하는 공장이나 다름없다. 아파트에 경찰 백차가 보여 뭔일인가 관심을 기울여보면 부부 싸움이 원인인 경우가 대부분이다. 서로 다른 환경에서, 다른 교육을 받고 자란 남녀가 마음의 조화를 이루기까지는 시간이 필요하다. 그 시간을 기다리지 못해 이혼을 결행하는 짝들이 늘어간다. 2020년 통계청 자료로는 하루에 300쌍이 이혼서류에 도장을 찍었다고 한다.

　서류에 도장은 찍지 않아도 버름한 사이로 늙어가는 부부를 흔하게 본다. 여든 초반 나이의 할머니가 바깥 영감님을 두고 "우리 집 구신"이라고 하는 소리를 들었다. "염라대왕이 우리 집 구신 안 데려가고 뭐 하는지 몰라!"라고도 했다. 얼마나 미우면 평생을 얼굴 맞대고 살아온 짝에게 그런 소리가 나올까?

젊은 시절의 할아버지는 아내의 말을 귓등으로 흘려듣는 독재자였을 것이다. 늙어가는 것도 서러운데 미움이란 짐까지 잔뜩 지고 속바람 차오르는 저물녘의 인생길을 걸어갈 할머니 할아버지가 딱했다. 할머니 내외도 소수의견 같은 돌파구 전략을 세우고 살았더라면 미움의 무게가 조금은 가벼워지지 않았을까?

'소수의견'을 사용하고부터 부부간에 다툼이 사라졌다고 하면 고개를 갸웃거리는 사람도 있을지 모르겠다. 우리인들 처음부터 그 말에 적응했던 건 아니다. 처음에는 유치한 기분에 살이 오그라드는 느낌을 겪기도 하고, '기분 나빠하지 않기'라는 애초의 약속을 깜빡하기도 했다. 그럴 때는 종전의 버릇이 도져 얼굴을 붉히고 목소리가 커졌다. 시간이 흐르자 소수의견은 처음부터 함께 한 규칙처럼 일상에 스며들었다. 상대편이 하는 말에 기분 나쁠 이유가 사라지자 가정에 평화가 찾아왔다. 다 늙어 연애 시절 애정이 새록새록 되살아나는 신기한 체험도 했다.

'소수의견'이라는 걸 만들지 않았다면 미움을 머리에 쌓은 채 외롭고 구차하게 늙어갈 뻔했다. 지혜롭게 나이 들기 참 쉽다.

인생 백신

처녀 시절, 어느 날의 일기 한 토막이다.

'드디어 끝냈다. 오랫동안 괴롭히던 암 덩어리를 물리친 기분이다. 잘했다. 정말 잘했다.'

몇 자의 일기 구절이 가슴 밑바닥에 숨겨놓은 기억의 회로를 삽시간에 꺼내어 되돌린다. 감정이 곤추서고, 심장의 박동이 빨라진다. 비록 나 스스로 결정한 행위였으나 결코 반추하고 싶지 않은 기억이다. 당시 겪었던 자괴감의 고통을 다시 떠올리는 건 켜켜이 앉은 부스럼 딱지를 건드려 피를 흘리는 것이나 다름없다.

작은 것을 탐하다가 큰 걸 잃은 경험이 어찌 나 혼자만일까? 몇 푼의 이자를 챙기려다 원금마저 송두리째 떼인 나는 결코 욕심을 초월한 사람은 못 된다.

처녀 시절, 첫 월급부터 시작해서 한 해 동안 부은 적금 모두를 직장 후배에게 고스란히 떼이는 일을 당했다. 그때의 기억을 돌이킬 때마다 적금을 탔다고 자랑한 게 화근이었다고 말하지만 그것은 핑계에 불과하다. 또한 후배가 엄마의 수술비용에 쓴다고 해서 선선히 빌려주었다는 말도 이자를 탐한 내 모습을 감추려는 포장용이었다. 고백하건대 몇 푼의 이자 돈에 내 안의 욕심이 손을 뻗친 것이다.

적금 탄 날, 후배는 엄마가 큰 수술을 해야 하는데 돈이 없어 못하고 있다며 몇 달만 빌려달라고 했다. 곗돈 타서 갚을 동안 이자는 꼬박꼬박 쳐 드리겠다고 했다. 나는 선심 쓰듯 수술이 잘 되기를 바란다는 걱정까지 한 보따리 얹어 적금 전부를 다른 사람 눈을 피해 빌려주었다. 나중에 알았지만 그렇게 당한 사람이 나 혼자가 아니었다.

석 달 동안 꼬박꼬박 들어오던 이자가 넉 달째부터 뚝 끊겼다. 공교롭게도 그 무렵에 후배가 다른 지방 관서로 발령이 났다. 매일 얼굴이라도 마주치다가 사람을 볼 수 없으니 더 불안했다. 그나마 전화로 목소리라도 들으면, 설마 떼어먹기야 할까 안심이 되었다.

빚 독촉하기가 얼마나 언짢은 고통인가를 겪어보지 않은 사람은 모를 것이다. 전화를 걸어도 언제 갚을 거냐는 말이 나오지 않아서 엉뚱한 말만 잔뜩 하고 끊기 일쑤였다. 나중에는 아예 전화를 받지 않았다. 그런 시간으로 한 해를 채워갈 무렵, 도리가 없어 직장으로 찾아갔다. 돈을 받아내겠다고 남의 직장까지 찾아가는 내 모습이 너무나 모지락스럽고 구차해서 싫었지만 살고 있는 집을 모르니 달리 취할 방법이 없었다.

'어렵쇼!'라는 말은 그럴 때 쓰라고 나온 말일 것이다. 돈을 빌려준 나는 누가 들을까 소리를 낮추는데 후배는 "언니가 나한테 돈 빌려준 거 본 사람 있어요?" 라며 고래고래 소리를 질렀다.

"본 사람이 있든 차용증이 있든 뭐가 있을 게 아니냐? 나한테 돈을 빌려줬다는 증거를 갖고 오세요. 증거를!"

자존심 지켜준다고 남의 시선 피해 빌려준 나만 바보가 되었다. 당시의 나는 차용증의 존재도 몰랐지만 설사 알았다고 해도 한 직장에 근무하는 동료에게 그런 것을 받으면서 돈을 빌려주지는 아니했을 것이다.

결국, 나는 돈 받기를 포기했다. 이자 돈에 혹했다는 사실이 부끄럽고, 현명하게 처신하지 못한 자신에 자괴감이 들었다. 무엇보다 엄마의 수술비로 쓴다는 거짓말까지 해서 빌린 돈으로 사치를 일삼는 후배의 얼굴을 다시는 맞대고 싶지 않았다.

나는 그 돈을 그냥 포기한 게 아니었다. 인간에 대한 불신을 돈 대신 받았다. 신뢰가 사라진 마음에는 다시는 속지 않는다는 다짐이 장마철의 이끼처럼 돋아났다. 삭막한 불신으로 채워진 내 영혼은, 사람과의 관계로 얻어지는 행복의 지수가 뚝 떨어지는 수난을 겪었다.

"증거를 가져오세요. 증거를!" 쩌렁쩌렁한 목소리로 외치던 후배의 목소리를 나는 아직도 기억에서 지우지 않았다. 내 삶의 증거를 위해 기록하고, 타인과의 관계에서 훗날 혹시나 오류가 생길까 염려되어 육하원칙을 꼼꼼히 적어두는 버릇은 아직도 진행형이다. 그때 얻은 불신이 인생길을 걸어오는 동안 현실적인 방어기제 역할을 했으니, '세상일에 공짜 없다'라는 말이 틀린 말은 아니다.

'소도 한 번 빠져본 웅덩이는 가지 않는다.'라는 속담이 있다. 나만 해도 계단에서 넘어져 본 뒤로는 난간대를 붙잡고 또박또박 조심해서 층계를 오르내린다. 길에서 먼눈팔다 엎어진 뒤로는 앞만 보고 걷기를 생활화했다. 산을 허물어 주택단지를 조성하면 노다지나 마찬가지라고 투자를 권하는 꼬드김을 뿌리친 건 정말 잘한 일이었다. 많은 사람이 피해당할 때 나는 무사했다. 후배에게 돈을 떼인 경험이 갖가지 사람이 어울려 사는 세상에서, 더 큰 물질적인 피해를 막아준 백신이 된 셈이니 아이러니다. 이런 것을 '인생 백신'이라고 해도 무방하지 않을까.

노년의 개인기

 왁자해야 할 장터에 인적 하나 없다. 시장이 이렇게 휑하다니 어찌 된 일인가? 우리가 시장을 잘못 찾아오기라도 한 것인가? 아니면 시장이 다른 곳으로 옮겨간 것인가? 그러다 우리 내외는 누가 먼저랄 것도 없이 오늘이 장날이 아님을 자각하고 화들짝 놀란다.

 3자와 8자가 들어가는 날이 이곳 장날인데 오늘이 6일이니 착각도 이런 착각이 없다. 오일장 가자고 서두른 남편이나 가잔다고 물색없이 따라나선 나나 황당한 개인기를 발휘한 것이다. 남이 들으면 "무슨 소리야?" 하겠지만 우리 부부는 이런 실수를 개인기라 한다.

 세면기에 머리를 부딪쳐 혹을 만드는 일은 내가 가장 잘하는 개인기다. 하수구 마개를 손보다가 벌떡 고개를 쳐들다 세면기에 부딪친 게 지난해이다. 부딪친 부위가 정신을 잃을 만큼 아픈 거는 차치하고, 두통과 어지럼증이 일어 뇌진탕을 일으킨 줄 알았다. 다행히 주먹만 한 시퍼런 혹을 열흘 가까이 달고 다닌 거 말고는 별일이 없었다. 그때는 그런 걸 두고 개인기라 하지 않았다.

짐승도 한 번 당한 일은 되풀이하지 않는다. 나이가 고봉으로 든 나는 짐승보다 주의력이 떨어지는지 걸핏하면 세면기에 머리를 부딪는다. 세면기에만 부딪는 게 아니다. 닫는 걸 깜빡한 싱크대 수납장 문에도 수시로 이마를 들이받는다. 그러니 내 이마에는 멍이나 혹이 사라질 새가 없다. 바깥 외출 시는 극도로 조심하는 까닭에 옛날보다 넘어지는 일이 덜해졌지만 집 안에서는 걸핏하면 부딪고 받치기 일쑤다.

잠에서 덜 깬 상태로 화장실 가다 사정없이 벽에다 온몸을 받은 일도 있다. 수시로 혹부리가 되는 나를 보고 사람이 모자란 거 아니냐고 타박하던 남편이 어느 날부터인가 모자란다는 말 대신 '개인기'를 한다고 추임새를 넣었다. 작은 실수에도 '내가 왜 이러나!' 의기소침해지고 짜증이 났는데 그 소리를 듣고부터 신기하게도 자책하는 기분이 사라졌다. 대신, 탤런트의 성을 바꿔 부르는 작은 실수든, 제삿날을 훗달로 기억하는 큰 착각이든 '개인기' 늘었다는 너스레로 웃음 소재를 삼는다. 이즈음 남편의 개인기도 제법 늘었다.

며칠 전, 그는 눈이 가렵다며 안약을 넣으려고 약병을 기울였다. 아뿔싸! 열심히 약병을 기울이고 흔들어도 약물이 눈에 닿지 않았다. 안경렌즈가 뿌옇게 시야를 가리고야 영문을 알아챈 그는 자신도 개인기를 한다고 큰 소리로 외쳤다.

"이거 아무나 할 수 있는 개인기가 아니다." 라는 말도 부록으로 따랐다. 우스갯말로 눙치는 마음에 지력이 떨어지는 자신에 대한 자괴감이 왜 없겠는가. 마누라 역시 개그를 보듯 깔깔거리는 것으로, 다가오는 노년의 시간에 대한 두려움을 꼭꼭 여민다는 사실을 남편은 눈치채지 못했을 것이다.

작년까지도 우리 부부는 승용차로 30분가량 걸리는 이곳 오일장을 한 달에 한 번꼴로 왔다. 살 물건이 있어 오기도 했지만 살 것이 없어도 분위기가 그리워 오는 날도 있었다. 시장 근처에서 나고 자란 남편은 장날의 왁자한 분위기를 좋아했다.

올해 들어 부쩍 시력이 떨어진다고 하소연하더니 급기야 운전대를 잡지 않기에 이르렀다. 운전을 삼가니 오일장 오는 일이 뜸해졌다. "나는 35년 무사고의 최고 드라이버야." 자화자찬을 늘어놓아도 마누라가 운전하는 차를 타기가 부담스러운지 "돌아오는 장날에는 가야지." 말로만 벼르기를 반년은 족히 반복했을 것이다.

며칠 전부터 채소 모종 사러 가자고 노래를 부르기에 어느 장날이든 날만 잡으면 VIP 손님으로 잘 모시겠노라고 말했었다. 하필이면 잡은 날이 장날이 아니라 무싯날이다.

노년의 개인기 39

햇볕만 쨍쨍한 시장을 뒤로하고 돌아오는 차 안이다.

"오늘은 헛걸음한 게 아니네. 오랜만에 당신이랑 드라이브도 하고 햇볕에 비타민D도 얻고."

"그것뿐이 아니지. 장이 섰다면 십만 원 넘게 지출했을 텐데, 장이 서지 않아 돈은 아꼈네."

"당근이지, 아마도 10만 원 더 아꼈을걸!"

나이 들면 자신에게 유리한 쪽으로 상황을 해석하는 능력이 생기는 걸까. 나날이 늘어나는 개인기라니! 인식하며 살 수 있는 시간이 얼마지 않다는 걸 알기에 개인기든 능력이든 남은 시간 모두를 소중하게 여기자고 다짐한다.

생일 선물

 남편의 생일이 되면 감회에 젖는다. 그는 척추를 다치고 회복한 지 십 년 뒤에 백혈병 진단을 받았다. 백혈병은 진단이 곧 '말기암' 선고와 같다고 한다. 그런 무시무시한 병으로 투병하는 동안 119구급차에 두 번이나 실려 가는 소동을 겪었다. 수년이 지나 완치됐다는 의사의 말에 이제는 평화가 오려니 한시름 놓았다. 세상이 내 것인 양 기뻐했으나 그 기간은 너무나 짧았다.
 멀쩡했던 심장이 태업을 일으켰다. 구급차에 실려 병원을 찾았을 때, 조금만 늦었어도 사망에 이를 뻔했다고 의사가 말했다. 연차를 두고 네 개의 스텐트 시술을 받고야 사람 구실을 하는 중이다. 그러니 기적으로 얻은 삶이라 해도 과언 아니다.
 생일 축하한다는 인사말을 하면서도 앞으로 몇 번의 생일을 맞을 수 있을까, 가슴으로 서늘한 바람이 스쳐 가곤 했다. 생일이 남은 수명의 길이를 알려주는 알람 시계 같아서 할 수만 있다면 생일을 반납하고 싶었다. 그런 이유로 생일 선물에 특별히 마음을 써왔다.

올 생일에도 마땅한 선물을 마련하기 위해 궁리를 했으나 적은 돈으로는 살 만한 게 없었다. 옷은 가진 돈이 눈높이에 따라가지 못하고, 영양제는 되도록 삼가라는 의사의 진단이 있어서 안 되고, 책은 시력이 좋지 않아 읽을 수 없으니 그림의 떡이다. 이리저리 따져보다 그에게 물었다.

"생일 선물 뭐 해줄까?"

머리, 꼬리 다 자르고 돌아온 대답이 '돈'이라고 했다.

지갑에 있는 돈은 오만 원권 두 장이 전부였다. 아파트 지척에 현금인출기가 있지만 날씨가 좋지 않아 가기가 싫었다. 내리 석 달 동안 줄줄이 목돈을 지출한 것도 핑계를 거들었다. 낯이 조금 간지러웠지만 십만 원을 분홍색 꽃무늬 봉투에 넣어 "생일 축하해요." 라며 내밀었다. 그는 고맙다는 인사를 곁들이고 봉투를 받았다.

오후 들어 외출하려고 현관문을 열다 지갑이 비었다는 걸 자각했다. 모든 거래 수단이 카드로 이루어지는 세상이라고는 해도 땡전 한 푼 없이 외출하려니 불안했다. 약속 시간이 급해 돈 찾을 시간이 없었다. 이럴 때 필요한 대상이 남편이었다.

"여보, 오만 원만 빌려주라."

그는 두말없이 십만 원을 내밀었다. 화폐 가치가 예전 같지 않은데 오만 원 들고 외출할 마누라 모습이 마음이 쓰였던 게다. "지출은 카드로 할 거야. 이 돈 쓰지 않고 그대로 돌려줄게." 말하고 집을 나섰다.

오랜만에 만난 후배와 저물녘까지 수다를 떨다 일어섰다. 냉큼 집으로 오면 될 걸 중간에 노점상을 만나 참외를 샀다. 오만 원짜리가 낱돈이 되는 바람에 십만 원을 그대로 돌려주리라는 애초의 생각이 무색해졌다. 돈을 찾으려니 저녁밥이 늦어질 거 같아 곧바로 집으로 향했다.

집에 돌아와 그에게 오만 원을 내밀며 나머지는 은행 갈 일 있을 때 찾아서 주겠다고 말했다.

"내 돈 안 갚아도 된다. 당신 생일에 오만 원 줄게. 오만 원에 오만 원 보태면 십만 원 주는 거나 마찬가지잖아."

그 말을 듣는 순간 머리가 띵했다.

손녀가 올 때 할아버지 체면을 지키기 위해서, 때로는 정신없는 마누라를 위해서 소액의 현금을 항상 여투어두는 사람이 마누라 생일에 줄 돈을 어떻게 빌린 돈과 퉁 치려는지 알다가도 모를 노릇이었다.

주머닛돈이 쌈짓돈이라는 말이 있다. 부부간에는 네 돈 내 돈이 따로 없다는 소리다. 우리 역시 그렇게 살아왔고, 앞으로도 그럴

게 살 것이다. 우리가 나누는 생일 선물이 주머니와 쌈지가 주거니 받거니 하는 놀이 같은 요식에 불과할지라도 앞으로 그에게서 몇 번이나 더 생일 선물을 받을지는 신만 아는 일이다. 갑자기 심장이 둥둥 불협화음을 냈다.

궁하면 통한다고 했던가. 현금인출기까지는 지척이고, 밤에도 수수료가 없다는 것을 생각해 내고 부랴부랴 몸을 일으켰다. 조금 뒤, 오만 원을 그에게 건네며 "이제 빌린 돈 다 갚은 거다."라고 말했다.

달이 바뀌어 내 생일이 되었다. 생일 선물이라며 그가 봉투를 내밀었다. 분홍 꽃무늬의 봉투는 한 달 전, 내가 자기 생일에 십만 원을 넣어 건넨 그 봉투였다. 뜻밖에도 안에는 만 원권 스무 장이 들어 있었다.

"와! 나는 달랑 두 장 줬는데 스무 장씩이나!"

"응, 나를 저승 문턱에서 몇 번이나 되돌려 온 사람인데 두 장은 약소하지. 열 장은 이번 생일 선물이고, 열 장은 내년 생일 선물 앞당겨 주는 거야."

나는 셈법 모르는 어린아이처럼 킬킬거렸으나 목울대가 뭉클 막혀왔다. 망망한 삶의 바다를 함께 헤쳐온 우리다. 서로의 존재가 생일 선물이라는 걸 남편인들 왜 모르겠는가.

결명자나무

 변화무쌍한 날씨다. 비바람이 와락와락 치다가도 언제 그랬냐는 듯 해맑은 태양이 구름 사이로 언뜻언뜻 얼굴을 내민다. 햇살이 비춘다고 든 날씨가 아니다. 갑자기 컴컴해져 소나기가 쏟아지고, 부랑아가 휘두르는 채찍 같은 바람이 휘몰아친다. 그때마다 화단의 식물들이 갈피 없이 휘둘린다.
 무심한 마음으로 보고 있으려니, 한 식물의 행동이 눈길을 붙든다. 내가 마술을 보고 있는 것인가, 아니면 눈의 착각인가? 눈앞에 벌어지는 엄연한 광경이 도무지 현실 같지 않다. 날씨 따라 모습을 바꾸는 식물이 있다고 알고는 있어도 생생히 보기는 처음이다.
 주인공은 손가락처럼 가느다란 원줄기에 잔가지가 우북한 결명자나무다. 결명자는 풀같이 보이는 외모와는 달리 목질부를 가진 엄연한 나무다. 자잘한 이파리들 사이로 나비의 날개 같은 노란 꽃이 드문드문 보인다. 이 여린 꽃이 비바람이 사나워지면 기도하듯 꽃잎을 오므려 합장한다. 그러다 날씨가 고자누룩해지면 기웃기웃 꽃잎을 연다. 꽃잎만 그러는 게 아니다.

 머리채를 휘어잡을 듯 바람이 몰아칠 때는 잎자루에 달린 어린잎이 순서대로 포개지고 맨 아래 달린 이파리 두 장이 포개진 어린잎을 양쪽으로 감싼다. 먼저 돋은 형아 잎이 나중 돋은 아우 잎을 보호하는 동작이다. 식물의 세계에도 형제애가 있는가! 비바람이 물러가는 기미가 보이고야 아우 잎을 감쌌던 몸짓을 스르르 푸는 형아 잎의 모습에 나는 그만 코끝이 매캐하다. 검은 구름이 해를 가려 어두컴컴해져도 마찬가지 현상을 연출한다. 식물이 어떻게 이런 변화를 일으킬 수 있을까?

 결명자나무는 취면운동을 하는 식물이다. 취면운동이란 낮에는 잎을 수평으로 열었다가 밤이 되면 잎을 수직으로 접는 동작을 이르는 말이다. 햇살 바른 낮에 잎을 활짝 펴는 것은 더 많은 햇볕을 받기 위해서고, 밤에 잎을 접는 것은 찬 기온으로부터 자신을 보호하기 위해서라고 한다. 놀랍게도 이 식물은 밤이 아닌 낮의 광폭한 날씨에도 줄기와 가지, 이파리와 꽃잎까지 오므리고 숙여 만일에 일어날지 모르는 위험에 대처한다. 한낱 식물이 지혜롭지 아니한가!

 의식 없이 숨만 쉬는 사람을 두고 식물인간이라고들 한다. 그 말대로라면 결명자나무도 엽록소 작용만 해야 한다. 그런데 아니다. 자연의 힘이라는 절대적 존재에 자신을 지켜내도록 진화한 것이다. 가는 줄기로 폭풍우에 꼿꼿이 맞섰더라면 잔가지들은 부러지고 이파리는 산산이 떨어졌을 것이다.

위기에 맞서 자신을 지켜내는 방법이 인간의 셈법과 다르지 않다. 지혜는 인간의 전유물이 아니다. 결명자나무를 보면서 식물도 위기에 처했을 때, 자신을 지켜내는 천부의 지혜가 있음을 새삼스레 깨닫는다.

난지도에 대한 기억

 이십 대 시절, 직장 발령을 앞두고 이모님 댁에서 잠시 머물렀다. 이모네가 사는 마을은 주소지가 서울이라는 게 믿어지지 않을 만큼 깡촌이었다. 마을 앞으로는 한강의 지류인 샛강이 흐르고 강 가운데로 기다란 섬이 펼쳐져 있었다. 섬과 맞닿은 강가에는 물새가 끼룩대며 떼 지어 놀았다.
 낙조가 드리울 때면 강은 거대한 화판으로 변했다. 노을이 그려놓은 불꽃 같은 그림은 장관이라는 말 말고는 따로 표현할 말이 없었다. 그럴 때, 누런 연무에 잠긴 섬은 강에 그려진 그림의 배경처럼 보였다.
 어느 날 밤, 엄청난 비가 쏟아졌다. 아침에 나가보니 강 건너 섬이 온데간데없어졌다. 검붉은 물살이 넘실거리는 강물 위로 갯버들 가지가 휘청휘청 춤을 추었다. 비가 멎고 해가 나자 마술을 부리듯 사라졌던 섬이 다시 모습을 드러냈다. 사람들은 그 섬을 난지도라 불렀다. 행정구역상 서울특별시 마포구 상암동 549번지 일대라는 주소를 갖고 있다는 건 나중에 알았다.

  나는 이렇게 먼발치서 난지도를 대면했다. 강 이쪽에서 바라보는 섬은 닥치지 않은 미래처럼 호기심을 불러일으켰다. 아침 해가 솟아올라 자욱하게 드리운 안개를 밀어낼 때, 그곳의 자연은 까무룩 죽었다 다시 살아나는 생명체처럼 경이로움을 연출했다. 그것은 내 안에서 갈등하고 모색하는 불확실한 앞날의 꿈과도 같았다.

  어느 날, 이모가 난지도에 있는 밭으로 풀 매는 일을 하러 간다고 했다. 돈이 아쉽던 차여서 나도 따라나섰다. 뱃나루에서 나를 본 밭 임자는 다른 일꾼들의 절반 노임밖에 줄 수 없다고 했다. 단발머리에다 왜소한 내 체구가 밭을 매기에는 시원찮게 보인 것이다. 부득이 절반의 품삯만 받기로 하고야 노를 저어 건너는 배를 탈 수 있었다.

  섬에 도착해서 광활한 밭을 보고 놀랐다. 산골에서 다랑이 논밭을 보고 자란 내게는 평야처럼 펼쳐진 콩밭이 영화 속에서 본 이국의 풍경인 듯했다. 아침 안개나 저녁나절의 연무에 둘러싸여 신비로움을 연출했던 그곳에는 수해를 이겨낸 농작물들이 긴 이랑에 줄지어 자라고 있었다. 그제야 아득한 콩밭의 풀을 매야 하는 현실을 마주하고 정신이 번쩍 들었다.

십여 명의 아줌마 일꾼들과 함께 나란히 풀매기를 시작했다. 자잘한 풀이 초록의 융단처럼 돋아 있어 일은 도무지 진척이 없었다. 그런 중에도 월등히 앞서가는 사람이 있었다. 풀을 매는 일은 호미를 어떻게 쓰는가에 따라서 결괏값이 달라진다. 풀을 뿌리까지 낱낱이 제거하는 사람이 있는가 하면, 뿌리는 뽑는 둥 마는 둥 호미로 흙을 긁어 풀을 덮어가며 매는 척만 하는 사람도 있다. 풀은 거짓말을 하지 않는다. 척만 해서 호미질한 이랑에서는 며칠만 지나면 파란 풀들이 뾰족뾰족 돋아나기 마련이다.

밭 주인이 일한 결과를 알아채기까지 한 주일이면 족했다. 내가 맨 밭이랑만 유독 풀이 나지 않았던 거다. 훗날, 밭 주인은 그 사실을 밭을 맬 일꾼들에게 교본처럼 들려주고 일을 시작하더라고 이모가 말해 주었다.

사실, 나같이 꼼꼼하게 일하는 사람은 대충하는 일손의 속도를 따라가지 못한다. 호미질을 아무리 부지런히 한들 일의 분량에서 뒤처지게 마련이다. 그날, 호미에 손가락을 찍히는 상처를 입고서도 일손을 멈추지 않았다. 남들이 새참을 먹으며 쉴 때도 쉬지 않았다. 나는 이렇게 상처 입어가며 풀 매는 일로 난지도와 연을 맺었다. 비록 하루에 불과한 시간이었지만 운명을 결정하는 저울추를 기울어지게 하는 데는 충분했다.

일을 마치고 피와 흙으로 범벅된 상처를 본 이모는 나를 미련하다고 나무랐다. 농군으로서 자존심을 지키려는 내 나름의 고집이었다는 걸 이모가 알 리 없었다. 학생 시절부터 심훈이 지은 '상록수'의 주인공 같은 삶을 꿈꾸었다. 잘 사는 농촌을 만들려고 애쓴 결과로 벼 다수확왕으로 뽑힌 전력이 있는 나는 그때까지도 취업을 포기하고 다시 고향으로 돌아갈까를 고민했었다.

어쭙잖은 계기가 사람의 운명을 바꾼다. 농군에게는 꼼꼼함과 성실함보다 더 필요한 게 재바름이었다. 밭매는 일을 통해 내게는 재바름이 없다는 걸 깨달았다. 그날 밤, 농부의 꿈을 버리기로 결심하느라 잠을 이루지 못했다. 돌이켜 생각하면 난지도에서 밭을 맨 하루의 경험치가 도회인으로 인생길을 바꾸게 한 길목이었다. 그 뒤로 다시는 농사 일을 하지 않았다.

난지도가 쓰레기 매립장으로 지정되었다는 소식을 언론을 통해 알았을 때가 밭을 맨 그날부터 십 년째 해였다. 그때까지 난지도는 꽃과 새들의 놀이터에다 사람들의 먹거리를 여념 없이 키워내는 낙원의 섬이었다. 그런 비옥한 땅이 쓰레기 매립장으로 운명이 바뀐 것이다.

그때 나는 두 아이의 엄마가 되어 있었다. 그 무렵, 남편이 하던 일에 시련이 닥쳤다. 사업은 경영 능력이 아무리 뛰어난들 주변 상황이 따라주지 않으면 성공하기 어렵다. 실패에 따른 고난과 절망이 얼마나 무서운지 겪지 않은 사람은 모를 것이다. 그 와중에도 하루 풀을 맸을 뿐인 연에 이끌려 난지도에 관한 소식에는 본능처럼 눈과 귀를 쫑긋거렸다.

난지도는 원래 존재하지 않은 섬이었다. 강물이 범람할 때 떠밀려온 흙이 쌓여 섬이 되었다. 오리를 닮았다고 오리섬이라고 했다. 온갖 꽃이 만발해서 꽃섬으로 불리고, 난초가 많아서 난지도라고 했다니 섬 풍광이 얼마나 예뻤는지 짐작이 간다. 난지도는 홍수로 수해를 입기도 한다는 게 흠이었으나 토질이 비옥하고 물 빠짐이 좋아 인근의 농부들에게는 선물 같은 땅이었다.

그랬던 섬이 쓰레기 매립장으로 지정된 뒤 15년 만에 100미터 높이에 가까운 쓰레기 산이 두 개나 생겨났다. 그 결과로 최악의 환경오염지역으로 해외 언론에서까지 이름이 오르내렸다. 1993년, 난지도에 쓰레기 반입을 막는다는 공고가 붙었다. 이후 관에서는 사람이 해서 안 되는 일이 없다는 걸 난지도를 통해 증명해 보였다.

구제 불능 같았던 그곳에 나무가 자라고 새들이 찾아왔다. 지금은 어엿한 육지로 편입되어 다섯 개의 공원에다 야영장과 골프장, 그리고 수영장까지 갖춘 관광명소가 되었다. 땅에도 팔자가 있는 것일까. 난지도의 옛날을 기억하는 사람 중에 누가 지금 모습을 상상이나 했겠는가!

난지도를 떠올리며 인생을 생각한다. 아니, 나를 생각한다. 시골에서 상경한 내게 미래는 안개에 덮인 듯 불확실했다. 앞날이 검은 장막으로 가려진 듯 막막한 순간도 있었다. 팔자였을까. 길고도 고단한 인생길을 걸어 노년이란 마을에 도착했을 때, 나는 지난날을 기억해내는 작가가 되어 있었다.
 이만하면 내 인생도 나쁘지 않다. 오늘따라 햇살이 유난히 예쁘다.

제2부

흥이 살아 있다

까닭 모를 감정이 복받쳐 오르면서 둑이 터진 듯 눈물이 쏟아졌다. 공연 내내 멈추지도 않고 흐르는 눈물이라니! 내 어머니 돌아가셨을 때도 그리 오래, 그리 많은 양의 눈물을 흘려보지 않았다. 더욱 놀라운 건 무대로 뛰어나가 그들과 어울려 춤을 추고 싶은 욕구였다.

- 흥이 살아 있다
- 부메랑
- 건널목 위의 아이들
- 눈물 바위
- 잠의 역설
- 밥값
- 놀이터에 어린이가 없다
- 개, 사람 반열에 들다
- 강아지 손자
- 골목 유치원
- 숨은 그림 찾기
- 태화강 찬가

흥이 살아 있다

 흥이 없는 인생은 삭막하다.

 어린 시절, 정월 대보름날에 하는 지신밟기와 농악놀이는 보는 것만으로도 신이 났다. 어른들은 쾌지나칭칭나네 같은 민요를 메들리로 노래하며 춤을 추었다. 춤추는 광경을 보고 있으면 몸이 하늘로 둥실 떠오르는 것 같았다. 그럴 때는 어서어서 자라서 어른들처럼 춤을 추고 싶었다.

 어느 해, 군내 문화제 개막 행사에 우리 학교 상급생 전원에게 매스게임을 펼치는 임무가 주어졌다. 학교에서는 오후 수업을 전폐하고 연습을 거듭했다.

 그날, 나는 도시락을 가져가지 못했다. 점심을 굶은 때문인지 정신이 혼미해져 도무지 순서를 외울 수 없었다. 연단에서 호루라

기로 학생들의 동작을 독려하던 선생님 눈에 버벅거리는 내 모습을 들키고 말았다. 가까이 다가온 선생님께서 "너보다 차라리 장작개비를 세워놓는 게 낫겠다." 라고 하셨다.

그 뒤부터 이해 못할 일이 내 몸에서 일어났다. 주술을 당한 듯 율동 시간만 되면 장작개비처럼 몸이 뻣뻣해지는 증세가 생겼다. 결국 매스게임 공연에서 제외되고 말았다. 그 일을 계기로 신나는 음악에 저절로 우쭐거리던 몸의 반응조차 할 수 없게 되었다. 비슷한 일이 거듭되자 어서 자라서 춤춰야지 했던 내 안의 의식이 지우개로 지운 듯 사라졌다.

불가사의하게도 선생님께 들었던 장작개비라는 말은 흥을 모르는 어른으로 나를 성장하게 했다. 신나는 음악을 들어도, 손뼉 치며 흥을 돋워야 하는 자리에서도 감정이 일지 않는 나무토막 상태에서 벗어나지 못했다. 그나마 다행인 건 춤이나 흥을 모르는 나를 아무도 이상스레 보지 않았다. 되레 여성스럽다거나 얌전하다고들 했다. 여자가 춤추는 걸 튀는 행동으로 바라보는 시대 덕분이었다. 사실, 아이들을 키우며, 살려고 아등거리는 삶에 흥을 내어 춤출 기회는 많지 않았다. 그러구러 그 낱말도 내 안에서 잊힌 듯 희미해졌다.

환갑 나이 지나 취미활동 동아리에 발을 들이고부터 비상이 걸렸다. 여전히 몸치에다 흥겨운 자리를 불편해하는 내게 단체로 벌이는 놀이 시간은 부담이었다. 그런 내게 기적 같은 일이 일어났다. 사람의 감정이 변화무쌍하다지만 언어도 통하지 않는 남의 나라 공연에 어떻게 그런 정신의 변화가 생길 수 있었는지 지금 생각해도 불가사의하다.

　스페인으로 여행을 갔을 때, 세비야라는 도시에서 플라멩코 공연을 관람하게 되었다. 안내자는 집시들이 하는 춤과 노래 공연이라고 미리 일러주었다. 춤과 노래라면 아예 관심을 끄고 살아온 터라 기대하는 마음 없이 일행들을 따라갔다. 쭈뼛쭈뼛 공연장에 들어섰을 때, 정열적이고도 애수 어린 기타 리듬이 온몸을 휘감았다. 가슴이 폭발할 것 같았고, 전신이 후들후들 떨렸다. 태어나 그런 감정은 처음이었다.

　따다닥따다닥 빠르고도 경쾌한 구둣발 소리, 손뼉 치는 소리, 손가락 튕기는 소리가 어우러진 현란한 리듬이, 침이 튀어나올 만큼 격정을 담아 부르는 가수들의 노래가 서리서리 맺힌 한의 통곡으로 들렸다. 무희들의 춤 동작은 깊고 깊은 슬픔을 토해내는 몸짓 같았다.

　까닭 모를 감정이 복받쳐 오르면서 둑이 터진 듯 눈물이 쏟아졌다. 공연 내내 멈추지도 않고 흐르는 눈물이라니! 내 어머니 돌아가셨을 때도 그리 오래, 그리 많은 양의 눈물을 흘려보지 않았다. 더욱 놀라운 건 무대로 뛰어나가 그들과 어울려 춤을 추고 싶은 욕구였다. 나무토막같이 살아왔던 내 안에서 흥이 살아나 용틀임하고 있었다. 마음에 인 거대한 폭풍이었다. 그 폭풍이 내 안에 기생하던 자기 체면을 몰아내고 있었다. 반세기를 잠들어 있던 흥이 플라멩코라는 폭풍을 만나 깨어난 것이다.

  그 일을 경험한 후 나는 '흥' 부자가 되었다. 압력밥솥 김빠지는 소리에도 어깨춤을 춘다. 길을 걷다 바람이 살랑거리면 팔을 벌려 바람결 따라 스텝을 밟고, 밥을 먹다가도 음악이 나오면 우쭐우쭐 몸을 흔든다. 더이상 나는 장작개비가 아니다. 내 안에 넝쿨로 자라는 '흥'이 있기에.

부메랑

"할머니, 왜 밥을 남기세요? 한 숟갈밖에 안 남았잖아요."
손녀가 눈을 동그랗게 뜨고 따지듯 물었다.
"응, 배가 너무 불러서."
"에게, 겨우 한 숟갈이잖아요."
귀를 의심했다. 이런 걸 두고 부메랑이라 하는 걸까? 수십 년 전에 아들에게 했던 말을 손녀의 입을 통해 되돌려 듣다니! 한 숟갈밖에 안 된다는 말을 거듭하는 건 남기지 말고 다 먹으라는 뜻이다. 나는 초등학생 손녀 앞에서 말 잘 듣는 아이처럼 밥그릇을 싹싹 비울 수밖에 없었다. 옆에서 아들이 재미있다는 듯 싱글거렸.
아들의 표정에 백 마디의 말이 담겨 있다는 걸 나는 안다. 내 손으로 키워낸 아들이다. 제 딸에게 무슨 말을 들려주며 키웠는지

안 봐도 안다.

"흘리지 말고 먹어라! 농부들이 고생하며 지은 쌀이다. 쌀 한 톨이 우리 입에 들어오려면 사람의 손이 팔십 번도 더 간다." "끼적이지 말고 맛있게 먹어라. 세상에는 먹을 게 없어 배고픈 아이가 수두룩하다."

이런 말을 귀에 딱지가 앉도록 들려주며 아들을 키웠다. 내가 질색으로 여기는 건 또 있었다. 한 숟갈 밥이나, 한 젓가락 반찬을 마저 먹지 않고 그릇에 붙여놓는 것이었다. 다음 끼에 먹기도 마뜩잖았고, 쓰레기로 버리기에는 내 정서가 허락하지 않았다. 그거 조금 더 먹는다고 동티가 나지는 않을 거라는 게 내 생각이었다. 몇 톨의 밥알이라도 남기면 아들은 음식을 귀하게 여길 줄 모른다고 야단을 맞았다. 그때는 어미의 잔소리가 듣기 싫어 고개를 외로 꼬더니 언제 머릿속에 저장해둔 것일까?

어제도 오늘 못잖은 일을 겪었다. 손녀와 함께한 나들이에서 내가 입은 옷이 엉망이 됐다는 걸 뒤늦게 알아챘다. 회칠한 담벼락을 스친 것처럼 윗옷 앞자락이 얼룩덜룩했다. 털고, 비비고, 손수건으로 닦아도 얼룩은 지워지지 않았다. 속상한 건 뒷전이고 당장에 부딪힐 사람들의 시선이 걱정이었다.

"창피해서 우짜노?"

울상을 지으며 하는 내 소리에 손녀의 대답이 기막혔다.

"할머니, 걱정하지 마세요. 사람들은 패션으로 알 거예요. 아,

그리고 아무도 할머니 안 쳐다봐요."

손녀는 나를 빤히 쳐다보며 고개를 살래살래 흔들며 대꾸했다. 머리를 한 방 맞은 기분이었다.

"맞다. 나만 내게 관심 있지!"

내가 이 말을 쿡쿡 웃으며 하는 까닭을 손녀는 알 리가 없었다.

아들이 옷 투정을 할 때면, "아무도 너 안 쳐다본다. 너만 네게 관심 있어. 옷은 깨끗하고, 단정하면 돼."라고 말했었다. 그 말이 아들에게 피가 된 것일까. 자라면서 옷 투정하는 걸 보지 못했다. 결혼해서 딸을 둔 아비가 되어서도 아무 옷이나 입는다고 제 아내의 불만을 사더니 딸에게까지 내 말을 들려준 모양이다.

이 시대는 몸이 뚱뚱하면 미적인 호감도가 떨어지는 건 물론이고, 건강에 적신호가 온 걸로 오해받기 십상이다. 남기지 않으려는 한 숟갈 밥이 살을 찌우는 원흉이 될 수도 있다. 젊은이들이 취업을 위해서 시간과 돈을 들여 다이어트를 하는 마당에 밥 한 숟갈이 무슨 대수인가.

사람은 시대의 흐름을 따라 살게 마련이다. 문화도 가치도 예전과는 사뭇 결이 다르다. 역사는 흘러가는 물과 같다. 물은 물리적인 힘을 가하지 않는 한 역류하지 않는다. 나는 내 시대에 맞춤한 가치를 존중하며 살았다. 아들은 아들의 시대를, 손녀는 손녀의 시대를 최선 다해 사는 게 정답일 것이다. 그러니 내가 고집했던 가치의 부메랑은 절대 사절이다.

건널목 위의 아이들

 서녘 노을이 눈을 부시게 하는 퇴근 시간 무렵, 앞서 달리던 차들이 줄줄이 멈춰 섰다. 신호등이 빨간불이어서 그런가 했는데 아니었다. 파란 불로 바뀌어도 차들은 움직이지 않았다.
 혹시 노을빛이 눈을 가려 사고가 났나? 차창 밖으로 고개를 내밀어 비스듬히 쬐는 햇볕을 손차양으로 가리고 앞을 살폈다. 도로를 가득 메운 차 사이로 얼핏 한 광경이 눈에 들어왔다. 한 무리의 초등학생이 참새 걸음으로 쪼작쪼작 건널목을 건너고 있었다. 걷는 게 아니라 제자리걸음으로 보일 만큼 느린 동작이었다.
 내 눈에는 그들의 행동이 어른을 놀리려는 악동들의 장난처럼 보였다. 주행 신호등이 파란불인 걸 보면 보행자 신호등은 당연히 빨간불일 텐데 겁도 없이 건널목에서 장난이라니! 사고의 위험에

노출되는 염려가 일면서 화가 솟구쳤다.

"아니, 사고 나면 어쩌려고? 저리 자라서 장차 뭐가 되겠노!"

나도 모르게 혼잣말이 툭 튀어나왔다.

그러나 다음 순간 눈을 크게 떴다. 예닐곱 명 아이들이 걸음이 부실한 할머니를 양옆에서 부축하고, 앞에서 뒤에서 호위하듯 둘러싼 모습으로 건널목을 건너는 게 아닌가! 감동으로 가슴이 저릿했다. 아이들에 에워싸인 할머니를 미처 보지 못하고 화를 낸 자신이 너무나 미안했다. 서녘 햇살에 눈이 부셔 보지 못했다고 변명하면서 잠시나마 오해한 것을 진심으로 사과했다.

요즘 아이들은 오냐오냐 자란 탓에 저만 안다는 말을 익히 들어 왔다. 누가 저들을 두고 저만 알고 자랐다고 말할 것인가? 아이들의 동작에는 진지함이 가득했다. 할머니의 동작에 따라 천천히 움직였고, 신호등이 바뀌어도 조급해하지 않았다. 할머니의 불편하고 느릿한 걸음 속도에 맞춰 예닐곱 명의 아이가 하나가 되어 걸었다.

디지털 시대에 태어난 아이들은 스마트폰과 컴퓨터에 빠져서 산다고 걱정들 한다. 어른을 공경하는 마음이 옅어졌으며, 타인을 향한 관심과 배려도 점점 희미해져 간다고 현장에서 근무하는 한 교육자는 걱정했다. 자신만 알고, 주위는 아랑곳하지 않는 악동이 늘고 있다는 사실도 문제라고 했다.

눈앞에 펼쳐진 아이들의 행동이 이 모든 걱정을 날려주었다. 할머니와 아이들이 건널목을 다 건널 때까지 차들이 숨죽여 움직이지 않은 까닭도 운전자들의 가슴에 인 감동의 여파였을 것이다.

　아이는 어른의 아버지라고 했다. 어렸을 때는 무슨 뜻인지 알지 못했다. 그 말뜻을 노을빛 붉게 물든 도심의 사거리에서 철없다는 아이들이 증명했다. 그들이 신호등을 지키지 않으면서까지 배려와 존중의 가치를 알아가고 있다는 것을 할머니의 걸음 속도에 맞춰 걷는 걸음새로 알 수 있었다. 그것은 체험에서 얻는 진정한 가르침이었다. 남을 돕고 사는 어른으로 성장할 싹이기도 했다.

　이 지구 위에 발붙이고 사는 모든 사람은 누군가의 할머니이고, 누군가의 부모이며, 누군가의 자식이자 형제자매, 그리고 친구일 것이다. 그런 관계 속에서 우리는 서로를 통해 배우고 성장한다. 오늘, 길 위에서 아이들이 보여준 장면은 나에게 삶의 본질을 다시 한 번 생각하게 해주었다. 신호등을 지키지 않은 아이들일지라도 그 속에는 따뜻한 마음이 담겨 있다는 것을. 그리고 그 마음이야말로 우리가 걸어가는 길을 더욱 아름답게 만드는 것임을 깨달았다.

　노을빛 가득히 내리는 해 질 녘의 도시가 환상의 세상처럼 아름답게 느껴졌다. 아이들이 선물해준 그 장면을 보며, 나를 반성했다. 내 인생도 어느덧 저물녘에 이르렀다. 살아오는 동안 누군가의 아픔을 헤아려 준 적이 있는가? 파지를 잔뜩 실은 손수레가 오르막에서 휘청거릴 때 힘을 보태본 적이 있는가? 낯선 이의 불편한 몸을 부축해서 함께 걸어준 적이 있는가? 인생의 갈피를 뒤적여 봤지만 눈 감고 모른 척했던 순간이 더 많았다. 삶의 속도에 치여, 주변을 돌아볼 여유를 잃어버리고 살았다는 생각이 자꾸만 들었다. 세상이 빠르게 변해가도 인간다운 따뜻함은 변하지 않아야 한다는 것을 신호등 앞의 건널목에서 무법자가 된 아이들이 일깨워주었다.

눈물 바위

 사람은 자신을 비워낼 대상이 필요한 존재다. 하소연이든, 자랑이든 나를 알리고 싶은 욕구를 갖고 태어났다. 그 대상이 친구일 수도 있고, 신앙의 절대자인 하느님이나 부처님일 수도 있다. 어린 시절의 내게는 남의 눈에 띄지 않는 바위가 속엣것을 비워내는 대상이었다.
 '눈물은 피보다 진하다'라는 문장을 읽은 게 초등학교 4학년 때였다. 어떤 제목의 누가 쓴 책이었는지는 기억에 없다. 오로지 그 문장만 머리에 남아서 어린 날의 회상을 부추긴다. 사유가 필요한 이 역설적인 문구가 어처구니없게도 인생을 살아보지 않은 내 어린 시절의 한 성장점을 차지하고, 눈물샘을 지배했던 시간이 있었다.

그 글을 읽은 뒤로 남에게 우는 모습 보이는 걸 부끄럽게 여기게 되었다. 왜 그런 해석을 했는지는 나도 모른다. 그 뜻을 잘못 이해했다는 걸 깨닫기까지 남이 보는 앞에서 눈물을 흘려보지 않았다. 문제는 내가 눈물이 많은 아이라는 데 있었다. 눈물을 눈 안에 가두는 일은 쉽지 않았다. 울음을 참으면 온몸이 저릿하고 두통이 일었다. 사람에게 들키지 않고 울 수 있는 장소가 필요했던 건 당연한 본능이었을 것이다.

고향 집은 동쪽으로 나지막한 산을 끼고 있었다. 동산 자락을 지나 등성이를 조금 오르면 키 낮은 소나무에 둘러싸인 작은 바위가 있었다. 이 바위가 유년 시절의 울분을 쏟아놓는 나만의 비밀장소였다.

그 시절은 남존여비 사상이 사회를 지배했다. 우리 집도 예외는 아니어서 '쓸모없는 가시나'라는 말이 걸핏하면 귓등을 건드렸다. 거기다 말대꾸를 잘못하면 심한 꾸지람이 대가로 돌아왔다. 내 잘못이 아닌 여자아이라는 이유로 먹는 것, 입는 것에서 학용품까지 차별받지 않는 게 없었다. 억울하고 분한 마음에 나도 모르게 주먹이 쥐어지고 눈물이 솟구쳤다.

울기 위해 찾아간 곳이 작은 바위였다. 그곳이 울음을 쏟아놓는 나만의 장소가 될 줄을 그때는 몰랐다. 한 번이 거듭되자 두 번이 되고, 나중에는 나의 내밀한 감정을 삭이는 비밀장소가 되었다. 신기하게도 그곳에서 참았던 눈물을 흘리고 나면 두통이 그치고,

마음속에 차 있던 응어리가 사라졌다. 특별하지도 않은 작은 바위가 이제껏 내 머릿속에 남아 있는 이유다.

억울한 누명으로 선생님께 죽도록 맞은 적이 있었다. '유정천리'라는 유행가 곡에 아무개 선생 물러가라는 가사를 지어 부른 노래가 담임 선생님 귀에까지 들어갔다. 노랫말을 지은 아이로 내가 지목당한 것이다. 누가 노랫말을 지었는지 알고 있었지만 내 입으로 말하지 않겠다면서 매를 견디었다. 자기 때문에 매 맞는 나를 보면서도 "제가 했어요." 라고 말하지 않는 친구를 보고 충격을 받았다. 실망과 억울함으로 저절로 눈물이 고였다. 입을 앙다물고 맺힌 눈물을 밖으로 내보내지 않으려니 몸이 마비되는 것 같았다. 그래도 눈물을 흘리지 않았다. 선생님과 친구들이 보고 있다는 생각이 울음을 참게 하는 지렛대가 되었다.

시험에서 100점을 맞은 날은 몇몇 남학생들로부터 괴롭힘을 당했다. 그 시절은 학폭이라는 말이 아예 없었고, 누구에게 맞아도 이르거나 편드는 문화가 아니었다. 백 점을 맞았다고 네 명의 아이가 한 조를 이루어 때리기도 했지만 "동조 가시나 제가 안 울고 배기는가 보자." 라며 오로지 내가 우는 걸 보기 위해 번갈아 가며 주먹질할 때도 있었다. 그럴 때, 나는 머리 부분을 양팔로 감싸 쥐고 쪼그리고 앉아 주먹질과 발길질을 견디어냈다. 아이들의 해찰은 단 한 번도 성공하지 못했다. 제풀에 지쳤던지 어느 날인가부터 때리기를 멈추었다.

그중의 한 친구는 훗날 이런 말을 했다. "우리는 너를 한 번도 이겨보지 못했다." 라고. 지금 마음 같았으면 일부러라도 앙앙 소리 내어 우는 척이라도 했을 것이다. 그랬더라면 동네북처럼 두들겨 맞지는 않았을 것 아닌가.

울음을 참은 날은 바위를 찾아가 억울해서 울고, 분해서 울었다. 그곳에서는 마음껏 소리 내어 울어도 누구에게 들키지나 않을까 염려하지 않아도 되었다. 이상한 일은 참았던 눈물을 쏟아내고 나면 푸른 하늘이 더욱 파랗게 보이고, 내가 한층 성장한 것 같았다. 그런 기분이 들수록 나를 해코지한 아이들이 작아 보였다. 그럴 때는 '너희는 나의 적수가 될 수 없다.' 라고 입을 앙다물었다. 결국 그 아이들은 졸업 때까지 눈물에서도 성적에서도 나를 이겨보지 못했다.

그 시절로 시간여행을 하는 지금, 내 안에는 해찰궂은 친구들을 원망하는 마음이 조금도 남아 있지 않다. 눈물은 사람을 정화한다고들 한다. 소리 내어 울고 나면 마음 안에 쌓였던 응어리가 나도 모르게 사라졌다. 응어리가 없는데 미움의 순이 자랄 리 만무했다.

가끔, 눈물을 보이지 않으려던 추억 속의 그 아이가 내가 맞나 싶을 때가 있다. 인생 떡잎에 불과한 나이에 이해조차 못했을 문장에 홀려 정신과 신체의 교집합인 눈물을 참은 것도, 비밀의 장소를 찾아가 뒤늦게 눈물을 흘린 것도 지금 생각하면 황당하고 어이없다. 그러나 그 작은 바위는 아직도 마음속에서 쉼이 필요할 때의 내 영혼을 어루만진다.

잠의 역설

 인체는 우주를 담고 있는 신비한 존재라고들 한다. 수많은 세포와 장기들이 서로를 연결하여 끝없이 이어지는 시간 속에서 몸을 조율한다. 그중에서도 뇌는 우리의 몸과 마음을 관장하는 사령탑이다. 이 사령탑이 때로는 오류를 일으킨다.

 초등학생 때, 새벽녘이 되어 잠에서 깨면 기다렸다는 듯 멀리서 통행금지 해제를 알리는 사이렌이 울렸다. 매일 그 시각이 나의 기상 시간이었다. 그 사실이 너무나 신기했다. 저 사이렌은 어떻게 내가 잠에서 깼다는 걸 알까 싶었다. 어른이 깨워서 일어나는 게 아니라 내 안에 있는 어떤 메신저가 작동해 그 시각에 잠을 깨게 했다.

 연탄불로 밥을 짓던 신혼 시절에는 연탄불 갈 때를 몸이 먼저 알았다. 밤 한 시에 갈아야지 하고 잠이 들면 어김없이 그 시각에 눈이 떠졌다. 남편이 꼭두새벽에 출장길을 나설 때나, 아이들의 수능 고사를 치르는 전날 밤에도 늦잠이 들면 어쩌나 걱정하지 않았다. 예정된 시각에 잠을 깨우는 내 안의 존재를 믿어서였다.

그런 연유로 평생 기계 알람의 도움을 받지 않았다. 웃기는 건 온 가족이 나를 시계 취급하는 일이었다. 시험기가 되면 아이들은 "어머니, 두 시에 깨워 주세요.", "네 시에 깨워 주세요." 같은 부탁을 아무렇지 않게 했다. 큰아들과 작은아들은 수면 리듬이 달라서 깨워달라는 시각도 제각각이었다. 이럴 때, 나는 조각잠을 잤으며, 잠을 관장하는 사령탑에도 비상이 걸렸다.

이런 나의 뇌 활동을 우리 가족 말고는 누구도 믿으려 하지 않았다. 사람이 어떻게 그럴 수가 있느냐고 머리를 저었다. 특히 연탄불을 꺼뜨려 보지 않았다는 말에는 모두 고개를 갸웃댔다. 아이들 수능 시험 때, 알람 시계를 세 개나 작동시켰다는 어떤 이는 나의 이런 버릇을 두고 불가사의하다고 했다. 젊을 때는 이런 생체 시계를 가졌다는 걸 자랑으로 알았다.

살아보니 자랑할 일이 아니었다. 넷에 열을 곱하는 나이가 되었을 때, 내 안의 메신저는 잠드는 걸 방해하는 종으로 변이를 일으켰다. 그 무렵은 두 시간만이라도 이어서 자는 게 소원일 만큼 만성적인 토끼잠에 시달렸다. 잠든 뒤, 금방 깨우는 메신저가 무섭고 싫어 뜬눈으로 밤을 새우는 날이 잦았다.

나는 곧 불면증의 노예가 되었다. 불면의 시련은 깊고 깊은 수렁과도 같았다. 어둠 속에서 시간은 더디게 흘렀고, 그 시간을 견디며 적막에서 들려오는 소리를 들었다. 적막에도 소리가 있다는 걸 그때 알았다. 어둠 속에서 외계의 전파 같은 그 소리를 듣고 있으면 머리와 영혼이 터질 듯 팽팽해지고, 삶의 의욕이 바닥으로 떨어졌다.

형벌 같았던 불면증도 영원하진 않았다. 시간의 흐름에 세력이 꺾여 양질의 잠을 자는 천국을 경험했다. 유감스레 그 시간은 오래 가지 않았다. 인체의 기능은 참으로 오묘하다. 불면을 앓을 때는 자취 없던 메신저가 불면증이 사라지자 다시 나타났다. 정확도는 여전해서 잠든 지 두 시간 지나면 배를 아프게 해 잠을 깨운다. 신기한 건 일어나 한참 앉아 있으면 얼었던 손이 녹을 때 생기는 통증 같은 아픔이 거짓말처럼 사라진다. 이런 현상이 왜 일어나는지 의사 선생님도 고개를 갸웃거렸다.

어린 시절, 내 안에 메신저는 아침잠을 깨우는 알람이었다. 젊었던 한때는 필요한 시각에 잠을 깨우는 AI 같은 기능을 가진 알람으로 진화해서 내가 나를 특별한 존재라고 착각하게 했다. 나이가 쌓이면서 그 메신저가 심술을 장착한 괴물로 둔갑했다.

이 오류를 누가 고쳐 줄까? 나는 여전히 그 답을 찾지 못했다. 분명한 건 잠을 관장하는 사령탑의 오류가 내게서만 일어나는 게 아니라는 것이다. 삶에서 마주하는 시간의 역설, 신비한 잠의 세계, 생활에서 오는 심적인 고난은 불면증을 앓는 많은 이가 공통으로 겪어내는 경험치이다.

    잠자는 동안 우리의 뇌는 쌓인 스트레스를 휴지통에 버리고, 낮 동안 일어난 기억을 저장하며 성장 호르몬을 분비한다고 한다. 양질의 잠을 자지 못하면 면역력도 떨어진다. 어쩌랴! 나는 평안한 일상을 보내는 노년이 되어서도 옳은 잠을 못 잔다. 이런 증상이 지속되면 치매의 위험지수가 올라간다는데 걱정을 곱빼기로 하게 생겼다.

밥값

"사람이 밥값을 해야지."

초등생 시절, 어른들이 하는 이 말을 마음 깊이 꼭꼭 새겨들었다.

새벽같이 일어나 소를 돌보고, 집에서 떨어진 우물에서 물을 길어다 물독을 채우는 일을 밥값을 하는 기회로 생각했다. 이 일 저 일 하다 보면 시간에 쫓겨 도시락도, 아침밥도 챙기지 못하고 학교까지 뛰어가기가 다반사였다. 종일을 굶은 그런 날은 선생님의 말씀이 귀에 들어오지 않았고, 칠판의 글씨가 흐릿하게 보였다. 수업을 마치고 교실을 나설 때면 하늘이 누렇게 보이고, 몸이 기우뚱거릴 때도 있었다.

학교에서 돌아오면 퉁퉁 불어난 수제비나 국수가 솥 안에서 나를 기다리고 있었다. 늦은 점심을 먹은 뒤는 들일 가고 안 계신 어머니를 대신해 보리쌀을 물에 담가 불린 뒤 씻어놓았다. 감자껍질을 벗겨놓고 시간이 남으면 마당을 쓸었다. 그래야 밥값을 하는 줄 알았다.

중학생이 되자 초등학생 때보다 학교에서 머무는 시간이 더 길었다. 그건 몸을 더 많이 움직여야 밥값을 할 수 있다는 뜻이었다. 공부는 이십 리 통학길 오가며 하고, 조금이라도 시간이 나면 집안일을 거들었다. 일요일이나 방학 때는 어른 몫의 농사 일을 했다. 문제는 내가 유별나게 책 읽기를 좋아하는 아이라는 데 있었다.

친구들이 빌려주는 책은 얼른 읽고 돌려줘야 했다. 약속한 기일에 돌려주려면 잠잘 시간이나 집안일 거드는 시간을 줄일 수밖에 없었다. 도리없이 어머니가 일을 시키면 안 하고, 안 먹는다고 대답했다. 식사 때가 되어 밥 먹으라는 소리를 들어도 꿈쩍 않고 책을 읽었다. 배에서 꼬르륵 소리가 들렸지만 밥값을 못 했으니 굶는 게 마땅하다고 생각했다. 종래 어머니가 달려왔다.

"밥 안 먹나, 이눔의 가시나!"

"일도 안 했는데 안 먹어요."

"에구, 내 속으로 어찌 저리 별스러운 가시나가 나왔을꼬! 너도 시집가서 똑 너 같은 딸 낳아봐라."

그런 소리를 들어도 들은 척 만 척 책에서 눈을 떼지 않았다. 이상한 일이었다. 들은 척 만 척 들었던 그 말이 화인처럼 귀에 박혀 있을 줄 그때는 몰랐다.

자랄 때, 나는 자신이 효녀라고 생각했다. 어머니의 노동을 나눠 가질 줄 아는, 밥값을 하는 착한 딸인 줄 알았다. 효녀가 아니라는 걸 알게 된 건 두 아이의 엄마가 되고 나서였다.

두 아들 낳아 기르면서 '너 같은 딸 낳아봐라!' 하시던 그 말뜻을 백 번 알게 되었다. 밥값이 '일'만을 뜻하는 말이 아니라 맡은 본분을 다하는 인격까지 포함한 말뜻이라는 것도 알게 되었다. 말뜻을 알고 바라보는 세상에는 밥값을 못하는 사람이 수두룩했다.

일하지 않으면 밥을 굶는 자식 때문에 어머니 속에서는 불이 났을 것이다. 여물지 않은 손으로 시키지도 않은 일을 알아서 하는 딸이 기특할 때도 있었겠지만 아침과 점심을 굶고 종일을 견디는 딸을 향한 마음이 오죽이나 아팠을지 내 자식 낳아 기르고야 헤아리게 되었다.

밥값을 하는 일에 집착한 자신이 효녀는커녕 부모의 마음을 수시로 할퀴는 철 안 든 하룻강아지 딸이었다는 걸 깨달았을 때는 이미 어머니는 세상에 없었다.

인생 땅거미 지는 시간에 도달한 나는 어린 시절의 내가 밉다. 그것도 쥐어박고 싶을 만큼 밉다. 세상을 모르는 어린아이가 밥값을 운운한 생각이 밉고, 밥값을 한답시고 지각을 달아놓고 해도 부끄럽게 여기지 않았던 학생으로서의 자세가 밉다. 어머니 마음을 아프게 한 죄는 더더욱 밉다.
"안 하고, 안 먹어요."
"일도 안 했는데 안 먹어요."
저 철없는 막무가내 아망이라니!

놀이터에 어린이가 없다

 내가 사는 아파트와 이웃한 곳에 어린이 놀이터가 있다. 지날 때마다 눈여겨봐도 놀고 있는 아이들은 보이지 않고, 최신형 놀이기구만 덩그러니 졸고 있다.
 몇 해 전, 이곳을 말끔하게 단장했다. 환경호르몬이 배출되지 않는 소재로 바닥을 바꾸고, 놀이기구도 새로 들여왔다. 없던 정자도 짓고, 가장자리를 지키던 낡고 긴 의자도 새것으로 교체했다. 새뜻해진 놀이터는 제법 근사해서 어른인 나도 가서 놀고 싶었다.
 어쩌랴! 아이들은 여전히 오지 않았다. 놀이터를 새로 꾸민 목적은 두말할 것 없이 어린이들이 모여 뛰놀게 하기 위해서다. 거금을 들여 설치한 최신 놀이기구를 햇볕과 바람 말고는 찾는 이가 없으니 딱하다.

 십여 년 전까지만 해도 해맑게 뛰노는 아이들의 소리를 들을 수 있었다. 시간이 흐르면서 아이들 노는 모습이 띄엄띄엄해지더니 급기야 개점휴업 상태가 되었다.

 아이들이 오죽 안 오면 아예 그네를 묶어 두었을까! 주인을 기다리던 그네는 결박당한 채 불어오는 바람에 하릴없이 흔들린다. 이곳에서 기생하는 벌레들만 살판났다. 개미와 귀뚜리와 바퀴벌레, 그리고 짚신벌레가 '놀이터는 우리가 접수했다'라고 쾌재를 부른다.

 그렇다고 마을에 아이들이 없는 건 아니다. 출산율이 급격히 떨어졌다고는 하나 인근에 초등학교가 두 곳이나 있는데 입학 전의 어린 친구들이 왜 없겠는가. 언젠가 놀이터에 왜 아이들이 없는지, 어린 자녀를 둔 새댁에게 물어보았다. 새댁은 눈을 동그랗게 뜨고 "아이들이 놀이터 갈 시간이 어디 있어요?"라고 반문했다. 유치원을 비롯한 몇 곳의 학원까지 다니려면 놀이터를 갈 만큼 한가한 아이는 아무도 없다고도 했다.

 세 살만 되면 유아원에 보내고 네다섯 살부터는 영어 유치원을 비롯하여 이런저런 학원에 보낸다는 사실은 알고 있다. 심지어 일곱 개의 학원에 다니는 유치원 어린이도 있다고 들었다. 놀이터 갈 시간이 없을 만큼 꽉 짜인 시간표를 어린아이들이 어떻게 소화할까, 생각만 해도 마음이 짠하다.

어린 시절은 맘껏 뛰놀아야 한다는 내 생각이 시대착오인지는 알 수 없다. 아들이 친구들과 어울려 노는 것을 두고, 크게 나무란 기억이 없다고 하면 그때가 옛날이라고들 한다. 지금은 시대가 달라져 놀 때 놀면서 공부하다가는 목표한 대학 들어가기가 하늘의 별 따기라고들 한다. 어릴 때부터 공부의 기틀을 마련하지 않으면 학습을 따라가지 못하는 걸 빤히 아는데 놀이터 갈 시간이 어디 있느냐고 하면 할 말이 없다.

그런 말을 들으면 시대의 뒤안길로 밀려난 것 같아 서글퍼진다. 인생에서 학교에 가기 전의 유년 시절은 경쟁 없이 보내도 되는 보석 같은 시기다. 이 기간만큼은 맘껏 뛰놀게 하는 게 최선의 교육이라는 걸 아들 둘을 키우면서 깨달았다. 그래도 똑똑함이 넘치는 젊은 엄마들에게 내가 겪은 경험이 옳았다고 말하지 못한다. 나는 이 말을 며느리에게도 하지 않았다. 시대는 흐르고, 내가 아이들 키우던 시절은 과거가 되었다. 놀이터에서 우두커니 자리를 지키는 놀이기구도 흐르는 시대가 남긴 자취일 것이다.

놀이터에 미니 정자를 지어놓지 않았다면 적막강산이 따로 없을 뻔했다. 관에서도 놀이터가 처한 현실을 알았던지 근래 들어 어른에게 맞는 운동 기구 몇 가지를 추가로 설치했다. 근처에 사시는 할머니 할아버지가 낮 동안을 보내는 장소로 활용하니 그나마 다행이다.

햇볕과 비를 가려주는 정자는 할머니들이 차지하고, 할아버지

두어 분이 가장자리에 놓여있는 긴 의자에 옹그리고 앉아서 무심한 표정으로 세월을 낚는다. 이제 이곳은 애초 목적인 '어린이 놀이터'에서 '어른 놀이터'로 탈바꿈하는 중이다. 머지않아 '어른 놀이터'로 이름까지 바꾸는 날이 올지도 모르겠다.

  나이가 많아지면 되레 어린애가 된다는 말이 있다. 아무리 그러해도 등 굽고 눈 어두운 할아버지, 할머니께서 놀이기구 이용할 일은 없을 것이다. 인생만 무상한 게 아니다. 시대가 빚어낸 놀이터 또한 무상하다. 무료히 세월을 삭이는 놀이기구 위로 노란 단풍이 곡예를 한다. 오늘따라 놀이기구가 참 쓸쓸해 보인다.

개, 사람 반열에 들다

강아지 누이

젊은 여인이 유모차를 밀고 간다. 그 옆에는 열 살쯤으로 보이는 남자아이가 유모차에 바짝 붙어 재잘거리며 걸어간다. 다른 말은 제대로 알아듣지 못하겠고 "오빠야가"하는 소리만 귀에 쏙 들어온다. '아하, 동생이 여자아이인가 보네. 얼마나 사랑스러우면 저리 바짝 붙어 말을 걸며 갈까!' 다정한 오누이의 그림이 저절로 그려진다. 얼핏 스쳐 지나려는데 눈이 저절로 유모차로 향한다. 맙소사! 머리에 리본을 단 하얀 털의 푸들 한 마리가 유모차에 앉아서 나를 빤히 쳐다보는 게 아닌가! 아이가 오빠야가 어쩌고저쩌고 어르던 말로 강아지는 암컷 푸들임을 알겠다.

어쩌다 개가 사람의 항렬에 올랐을까? 혀를 끌끌 차다가 '아차,

시대가 달라졌지.' 생각을 고쳐먹는다. 세상이 변했다. 변화하는 세상에 발맞추지 못하면 덜 떨어졌다는 소리 듣기 십상이다. 나이가 많은 것도 달갑잖은 마당에 덜 떨어졌다는 소리까지 들어야 쓰겠는가. 문제는 그게 말처럼 쉽지 않다는 것이다. 이성과 감정이 제각각이니 문제다.

강아지 유치원이 있다는 소리를 들었다. 유치원에 다니는 개는 친구 개와 어울려 소풍도 가고, 미용실에 가서 털을 손질하고 마사지도 받는다고 한다. 전용 장례식장이 생기고, 삼일장을 치러주는 견주도 있다고 한다. 개의 제삿날을 기념하기 위해 병영에서 휴가를 받은 장병의 이야기는 개와 인간의 관계를 어떻게 설정할지를 보여주는 확실한 예다. 이 시대는 개 팔자가 어지간한 사람 팔자보다 낫다.

마당에서 한뎃잠을 자는 개는 키워 봤어도 실내에서 함께 생활하는 반려견을 키워보지 않은 내게는 이런 사례들이 낯설다. 어쩌겠는가. 손녀까지 강아지 동생을 두었으니 이해하는 척이라도 해야 한다.

"어머! 강아지가 너무 예뻐요!"

걸음을 멈추고 괜스레 말 몇 마디 툭 건넨다. 여인과 아이는 생면부지 할머니가 영혼 없이 하는 말에 기분이 좋은 듯 활짝 웃는다. 저들은 내가 마음속에 이는 생각이 불편하여 억지춘향이로 강아지가 예쁘다고 한 사실을 모를 것이다.

개모차 미는 할머니

할머니 한 분이 힘겹게 유모차를 밀고 간다. 오르막이라 더 힘들어 보인다. 힘을 보태드리려고 다가가는데 덩치 큰 개 한 마리가 유모차에 버티고 앉아있다. 돕고 싶은 생각이 싹 사라진다. 우화에서나 나올 법한 상황이 눈앞에서 벌어지고 있다. 자기 몸도 가누기 힘든 할머니가 송아지만 한 큰 개를 유모차에 태우고 가다니 어리석지 않은가? 내 깜냥으로는 도무지 이해되지 않는다.

"개가 어디 아프나요?"

발을 다쳤다는 소리를 기대하며 여쭈어본다.

"아니오, 내가 걷기 힘 드는데 저는 오죽 힘들겠어요."

"?"

'어안이 벙벙하다.'라는 말이 왜 생겨났는지를 알 것 같다. 이런 경우에 딱 적합한 말이 아닌가! 이쯤 되면 저 개는 개가 아니라 자식이다. 이래도 애처롭고, 저래도 안쓰러운 자식이나 다름없는 존재다. 짧은 순간 많은 생각이 스친다. 개가 자식의 반열에 오르기까지의 할머니의 일상이 손에 잡힐 듯 다가온다.

할머니의 나날은 분명 외로움의 연속이었을 것이다. 그 외로움을 다독여주는 유일한 존재가 개였으리라. 생각을 고쳐먹으니 마음이 짠하다. 오르막이 나타나 할머니 곁에 나란히 서서 유모차를 힘주어 민다. 그 순간, 개가 벌떡 머리를 치켜들더니 이빨을 드러내고 맹수처럼 으르렁거린다. 금방이라도 달려들어 물어뜯을 기세에 심장이 쿵쿵 소리를 낸다. 얼른 뒷걸음쳐 유모차에서 멀찌감치 물러서지만 다리가 심하게 후들거린다.

"이 아이가 나 말고는 유모차에 손을 못 대게 해요. 데끼, 순돌아, 그럼 안 돼!"

개를 반려 삼아 살아가는 독거노인 얘기는 방송에서 자주 보았다. 그들의 특징은 개에 의지하고, 사랑은 주어도 사람의 항렬에 올리지는 않았다. 세대 차이일까? 젊은이들은 개를 두고 엄마니, 아빠니 하는 호칭을 예사로 사용해도 독거노인 중에 그런 호칭으로 개를 부르는 어른은 보지 못했다.

이 할머니가 방송에 나오는 가정을 해본다. 개를 사람의 반열에 올리는 정도가 아니다. 이만하면 사람의 위에 있지 않은가! 자신보다 덩치 큰 개를 꼬부라진 몸으로 유모차에 태우고 가는 광경이라니. 토픽감이 따로 없다.

개도 치매를 앓는다

오랜만에 친구 집을 찾았다. 맨 먼저 달려와 꼬리를 쳐야 할 콩이가 보이지 않는다.

"콩이가 안 보이네."

내 말에 친구의 대답이 기상천외다. 치매에 걸려 제 방에 가뒀다고 한다. 개도 치매를 앓느냐는 물음에 인간이 하는 건 다 한다며 암에도 걸리고, 우울증 앓는 개도 있다고 한다.

콩이가 있는 방문을 여니 훅 끼치는 개 냄새에 토가 날 것 같다.
"치매에 걸리니 똥오줌도 못 가리네."

친구는 눈만 뜨면 녀석을 목욕시키고 향수를 뿌려보지만 냄새를 잡을 수 없다고 고개를 흔든다. 인기척에 반응하는 녀석의 몰골이 말이 아니다. 개도 건강을 잃으니 쳐다보는 눈길에 초점이 없다. "얼른 죽으면 덜 불쌍하련만, 목숨이 질기다."며 자신이 힘드는 건 참을 수 있는데 녀석이 고생하는 건 못 보겠다고 울먹이는 친구의 모습이 왜 내게는 희극처럼 보일까?

개를 키울 때 선결과제가 배변이다. 콩이는 똥오줌을 화장실 문만 열어놓으면 저 혼자 들어가 바닥 한쪽에 깔아놓은 마포에 싸서 친구의 수고를 덜어주었다. 붙임성도 좋아서 가족과 친한 사람은 금방 알아보고 따랐다. 나도 녀석이 따르는 사람 중 하나였다.

콩이에게는 희한한 버릇이 있었다. 제가 사람인 줄 아는지 친구의 침대에서 네 다리를 위로 올려 사람처럼 누워서 잤다. 딱하게도 순해 터진 친구의 남편은 콩이가 이빨을 드러내고 으르렁거려 아내가 자는 침대 근처에 얼씬도 못 했다. 손등을 물리기도 여러 번이었다. 요즘에야 그런 개를 훈련하는 정보가 넘쳐나고 방송 프로그램도 많이 생겼지만 콩이가 젊은 개였을 때는 해결 방법이 없었다.

이십여 년 전만 해도 개의 수명이 십 년을 넘지 않았다. 개 의학이 발달하고, 사람의 공간에서 살고부터 수명이 늘어나 지금은 이십 년을 더 사는 개도 있다고 한다. 태어나 일곱 해가 지나면 노화가 시작된다니 장수한다고 좋아할 일이 아닌 것은 개나 사람이나 마찬가지다. 개도 늙으면 기억력이 떨어진다. 이빨이 빠지고, 귀가 멀며, 시력을 잃기도 한다. 죽는 원인도 암이나 당뇨가 많다고 한다. 재롱둥이 콩이가 치매를 앓을 줄 친구는 상상도 못했을 것이다.

사람과 오래 부비부비하면서 살아서일까? 콩이는 제가 사람인 줄 아는지 다른 개에 도통 무관심했다. 대신 가족에게는 온갖 재롱을 떨고 관심을 기울였다. 식구 중에 귀가하지 않은 사람이 있으면 현관에서 머리를 박고 기다렸다가 모두가 돌아온 뒤에야 침대에 올라가 잠을 잔다고 했다. 어찌 이게 개냐고, 친구는 입에 침이 마르도록 자랑했었다.

그런 콩이도 나이를 먹으니 기력과 총기가 함께 사라졌다. 어쨌거나 녀석은 태어나고부터 넘치도록 사랑을 받았으니. 사람의 잣대로는 팔자 좋은 개였다. 에구! 상팔자면 뭐 하나? 견생 말년에 치매라니! 사람 세상이 아닌 개 세상에서 살았더라면 치매에 걸리지는 않았을 것 아닌가.

꼬까옷과 젓갈

공원 마당에 사람들이 둘러서 있다. 무슨 일일까?

얼씨구나! 강아지들이 모여 난리가 났다. 산책길에 나선 동네

강아지들이 모두 모여든 것 같다. 강아지가 아니라 개라고 해야 맞나? 요즘 개들, 덩치 보고는 개라고 불러야 할지 강아지로 불러야 할지 헷갈린다. 큰 놈이 강아지고, 작은 놈이 개인 경우가 허다하다. 놈들이 엉켜 노는 몸짓을 보아하니 강아지보다는 개에 가깝다.

　녀석들, 목줄을 쥔 제 주인 관심은 아랑곳없이 왈왈 짖는 놈, 다른 개의 똥구멍에 주둥이를 들이대고 킁킁거리는 놈, 몸을 할랑할랑 뒤집는 놈, 하는 짓이 제각각이다. 그중에 단연 눈이 가는 녀석은 머리에 족두리 쓰고 색동으로 지은 꼬까옷 차려입은 개 한 마리다. 방한복이나 패션에 신경을 쓴 개를 수없이 보았지만 족두리 쓰고 색동옷 입은 개는 처음 본다.

　연초에 아들네 가족이 강아지 손자를 데리고 왔다. 이름이 밀크인 강아지는 한시도 혼자 있지 않았다. 한데서만 멍멍이 개를 키워본 내 정서로는 엄마니, 아빠니, 누나니, 호칭 붙여 가며 강아지와 부비부비 노는 모습이 낯설었다. 그러나 곧 녀석의 재롱에 나도 모르게 깔깔거리고 있었다. 녀석은 온 가족의 중심에서 웃음꽃을 안겨주는 마스코트였다.

　색동옷 입은 개가 강아지 손자를 빼닮았다. 시대가 시대니만큼 나도 내년 설에는 녀석에게 꼬까옷을 사줘야 하나, 말아야 하나 머릿속이 분분하다. 그런데 이상하다. 개들이 알록달록한 옷으로 단장한 개에게는 영 관심이 없다. 되레 아무것도 걸치지 않은 헙

수룩한 놈에게 몰려들어 꼬리를 치고 코를 킁킁거린다. 고운 차림을 좋아하는 사람 잣대로는 개들의 하는 짓이 이해 불가다. 문득 한 기억이 머리를 스친다.

어느 집에서 암캐와 수캐를 한 마리씩 키우는데 수캐가 암캐를 투명 개 취급했다. 놈은 몸 단 암캐의 구애를 외면하는 것도 모자라 이웃집 개와 사랑에 빠져 대문이 열리는 기미가 보이면 이때다 하고 옆집으로 달음박질쳤다. 금실 좋은 부부 개로 키우려던 주인이 보다못해 동물전문가에게 도움을 요청했다.

전문가의 조언이 기상천외했다. 암캐를 이쁘게 치장해 주라는 말을 하려니 했으나 아니었다. 암캐 몸에 젓갈을 발라주면 수캐의 마음이 돌아올 거라고 했다. '설마, 그럴 리가?' 주인이 고개를 갸웃거리며 암캐의 몸에 멸치젓을 바르자 희한한 일이 눈앞에서 벌어졌다.

암캐를 먼 하늘 구름 보듯이 하던 수캐가 연신 코를 킁킁거리며 사랑 표현하느라 정신을 차리지 못했다. 좋아서 어쩔 줄 모르는 행태가 옆집 개는 아예 잊어버린 듯했다. 사람에게는 코를 막는 고린내가 개에게는 사랑의 마법을 부르는 향수였던 셈이다.

바야흐로 반려견의 화양연화 시절이다. 실내에서 생활하는 녀석들의 잠자리에 전기매트와 폭신한 침구를 갖춰 주는 건 기본인 세상이다. 그러니 가족의 막내로 자리매김한 존재에다 유모차를 타고 나들이하는 개에 명절치레 해주는 건 탓할 일이 아니다.

문제는 개들이 고운 옷보다 고릿한 젓갈에 더욱 매혹을 느낀다는 사실이다. 사람에게 저마다 다른 가치관이 있듯 개에도 좋고 싫음의 잣대가 따로 있다. 반려견에 보내는 지극한 사랑을 보면 다시 태어날 때는 개로 태어나고 싶다가도 녀석들의 고유한 본성을 알고 나면 그런 마음이 싹 사라진다. 내가 개라면 자유 없이 누리는 강제적인 사랑은 사절할 것 같다.

  개들이야 저희끼리 왈왈거리거나 말거나 개 주인의 관심은 오로지 색동옷에 있다. 전화기에 구입처와 가격대를 입력하는 모습들이 당장이라도 꼬까옷을 사고 말 기세다. 며칠 뒤에는 저 개들이 단체로 꼬까옷 맞춰 입고 공원 나들이하는 것을 보게 될지도 모르겠다.

  귀동냥으로 얻어들은 꼬까옷 가격이 아이들 설빔 값과 차이가 없어 놀란다. 비싼 가격은 그렇다 치고, 꼬까옷에 무관심한 놈들의 모습이 마음에 걸린다. 시대가 만든 문화일지라도 저희 동종의 관심을 얻지 못하면 무슨 소용인가.

강아지 손자

"손자 하나는 있어야 하는데."

남편이 하는 혼잣말에 뭔 소린가 따지려는 순간, 때맞춰 영상통화 벨이 울린다. 수신 버튼을 누르자 강아지를 안은 손녀가 "안녕하세요?" 인사를 한다.

"지온이 안녕!"

우리 부부도 손을 흔들어 반가운 마음을 전한다.

"밀크야, 할아버지, 할머니에게 인사해야지!"

손녀가 강아지의 머리를 잡고 절하는 자세로 꾹 누른다. 두어 주 전에 고양이를 사달라고 조른다는 소리를 들었던 터라 강아지는 의외다.

"할아버지, 얘 그저께 입양했어요. 이름이 강 밀크예요. 성은 강이고, 이름이 밀크예요."

세상에나! 제 성을 강아지에 붙여 강 밀크란다. 머리를 한 방 맞은 느낌이다. 개에 성을 붙여 부르는 사람들을 고개를 갸웃대며 바라봤던 우리는 손녀의 행동이 못내 당황스럽다. 졸지에 강아지 손자를 두게 생겼다. 남편이 황당한 마음을 감추고 한껏 인자한 목소리로 묻는다.

"응, 그래. 강 밀크? 이름이 예쁘구나. 생긴 것도 귀엽네. 몇 개월 됐어?"

"태어난 지 삼 개월요, 얘 몸무게 700g밖에 안 돼요."

"아직 아기구나. 남자아이야? 여자아이야?"

얼씨구나! 조손간에 강아지를 두고 사람 아기라도 되는 듯 주거니 받거니 다정스레 이야기를 나눈다.

"남자아이요."

그러고도 손녀는 밀크에 관한 일거수일투족을 달달 외기 바쁘다. 강아지에 빠져 다른 데는 도통 관심이 없다. 할아버지라면 껌뻑하는 녀석이 할아버지와 눈 한번 안 맞춘다. 강아지만 보고 있는 손녀에 민둥해진 우리는 할 말이 없다.

"여보, 우리 이제 밀크한테 순위 밀렸어."

말은 농담처럼 해도 가슴속으로 쓸쓸한 바람이 인다. 가뜩이나 사는 곳이 멀어 한 해에 두세 번밖에 못 보는 손녀. 개 키우는 사람들은 하나같이 마음대로 어디를 못 간다는 소리를 들었다. 손녀 역시 강아지를 핑계로 이곳에 오는 횟수가 이전보다 뜸해질 것이다. 남편은 한술 더 뜬다.

"당연하지. 우리는 이제 꼴등으로 밀려났어. 조부모는 개보다 순위에서 밀린다고들 하잖아."

인터넷에 떠도는 말이 마음의 그물에 걸려 있었던가 보다. 나도 그런 소리를 듣기는 했지만 과장이려니 여겨 예사로이 넘겼다. 가는 것은 가게 하고, 오는 것은 오게 하라는 글을 어디선가 읽었다. 조부모가 개보다 서열이 밀린다고 섭섭해 한들 밀려오는 신문화를 우리가 어쩌겠는가.

"근데, 우리는 개 사료를 제삿밥으로 먹게 생겼네. 밀크가 수컷이라니 우리 장손이잖아."

"아니, 할 농담이 따로 있지. 강아지를 두고 장손에다 제삿밥이라니, 비약이 지나치시네."

정색한 나의 면박에 자신이 생각해도 어이없는지 키들키들 웃음으로 얼버무린다.

두 아들이 약속이나 한 듯, 딸 하나씩만 낳고 말아도 우리는 아무런 내색을 하지 않았다. 속으로야 '한 명만 더 낳지!' 하는 바람은 간절했다. 마음은 그러해도 성인이 된 자식 인생에 부모가 나서서 배 놔라 감 놔라 훈수를 두는 것은 월권이라 생각했다.

손녀를 낳았다는 소식을 들었을 때, 손자이면 좋았을 걸 하는 아쉬움이 내게는 없었다. 모임에서나 주변에서 딸이 더 좋다는 말을 귀가 닳도록 들어왔기에 남편도 나와 같은 마음인 줄 알았다. 그런데 아니었나 보다. 자신의 성씨를 이어갈 손자가 있었으면 하는 바람을 범상한 웃음에다 감추고 있었던 게다.

우리는 아들 선호 사상으로 무장한 어른들을 보고 자란 마지막 세대다. 그 시대의 어른들은 대를 이을 아들을 두지 못하면 저승에 갔을 때 조상 뵐 면목이 없다고 생각했다. 첩의 몸을 빌려 아들을 얻거나 그도 안 되면 양자를 들여서라도 대를 잇게 했다. 시절의 변화를 누가 막을까. 이십 세기 끝나면서 아들 선호 사상도 함께 막을 내렸다.

지금은 아들딸 차별이 없다. 더러는 딸이 더 좋다고 공공연히 말한다. 달라지는 관습에 격세지감을 느껴도 체화된 가치관은 쉬이 고쳐지지 않는다. 시대를 앞서간다고 큰소리치는 남편도 핏속에 남아 있는 아들 선호 사상을 흔적 없이 지워내지는 못했음이다.

손자 하나는 있어야 한다고 넋두리한 남편의 심정을 헤아려본다. 자신의 성姓을 이어갈 손자가 없다는 사실에 못내 마음 한쪽이 허전했던 게다. 대를 잇지 못하는 서운함이 오죽이나 쌓였으면 주먹만 한 강아지를 두고 우리 장손이라는 말이 툭 튀어나왔을까.

골목유치원

 골목에서 아이들 노는 소리를 들어본 지 오래다. 아파트 단지에나 마을 가운데 번듯하게 조성해놓은 놀이터에서도 어울려 뛰노는 아이들 보기가 사막에서 풀포기 만나는 만큼이나 드물다. 급격히 줄어드는 어린이 숫자에도 원인이 있겠으나 걸음마 겨우 익히자마자 바쁘게 이어지는 학습 과정이 더 큰 이유일 것이다.
 옛날 내 아이들 키울 때를 새삼스레 꺼내려니 고릿적 얘기한다고 퉁바리 들을까 조심스럽다. 그래도 용기를 내는 건 이 또한 사라져가는 역사의 일부라는 생각에서다. 당시는 맞벌이가 보편화되지 않았고, 어린이집이 흔하지 않을 때라 자식은 응당 엄마가 도맡아 키우는 걸로 알았다.
 남편이 공무원이어서 이사가 잦았다. 어촌 마을로 근무 발령을 받았을 때 아들은 생후 5개월이었다. 낯선 마을에 이삿짐은 풀었으나 아는 사람 하나 없는 곳에서 아기를 키우려니 막막했다. 부모 형제는 멀리 있어 육아 조력은 꿈에서도 기대할 수 없었다. 육아서를 통해 어찌어찌 아이는 키울 수 있었으나 아빠 엄마 말고는 접촉할 사람이 없는 아들이 사회성 없는 성격으로 자랄까 그게 걱정이었다.

고민 끝에 이웃의 네다섯 살 되는 어린 친구들을 집으로 초대했다. 천방지축 아이들은 방으로 마당으로 골목으로 뛰어다녔다. 아들은 엉금엉금 길 때부터 흙바닥 위에서 형들과 어울려 놀았다.

아들이 두 돌이 지났을 때, 이삿짐을 푼 곳은 시내의 교동 윗녘에 있는 국민주택이었다. 대문 밖을 나서면 정리가 안 된 울퉁불퉁한 공터가 눈을 붙들었다. 비라도 내리면 웅덩이가 생기는 이곳에서 아이들은 질척거리는 흙을 장난감 삼아 잘도 놀았다. 더럽다고 나무라는 엄마도 있었으나 나는 창의성 계발에 좋을 거라고 그냥 두었다.

아들이 다섯 살일 때의 어느 날, 한 아이가 숨이 턱에 차도록 달려와 아들이 자전거에 손가락이 끼었다고 했다. 내가 갔을 때, 아들은 숨이 넘어가도록 파랗게 질려 울고 있었고, 체인에 끼어 검푸르게 변한 손가락은 빼내려고 할수록 더욱 조여지기만 했다. 아이도 나도 자지러질 때, 이웃 아저씨가 줄톱을 가져와 체인 줄을 잘랐다. 손가락을 빼내 병원으로 달려가 사진을 찍기까지 내 정신이 아니었다. 다행히 뼈는 무사했다.

그런 일을 겪으면서도 여전히 아들을 골목에서 뛰놀게 한 나를 요즘 젊은 엄마들은 이해하지 못할 것이다. 마을에 놀이터가 따로 없던 그 시절은 입학 전의 아이들이 놀 수 있는 장소가 골목 말고는 없었다. 최신놀이기구들이 하릴없이 쉬고 있는 요즘의 놀이터를 볼 때마다 아깝다는 생각이 든다. 오죽하면 시간 여행이라도 해서 아들이 어렸던 그 시절로 옮겨다 주고 싶은 충동을 느꼈을까!

다행스러운 건 당시의 골목은 자동차가 주인인 시대가 아니었다. 아이들이 또래를 통해 지혜를 얻는 자연유치원이었다. 그곳에서 같이 놀 친구를 사귀고, 자전거 타는 기술을 익혔으며, 감성을 키우고 배려하는 법을 알아갔다.

골목을 낀 주택에서 사는 동안 낮에는 문을 잠그지 않았다. 골목에서 놀다 목이 마른 아이들은 언제든 현관문을 열고 들어와 냉장고에서 물을 꺼내어 마셨다. 비가 오는 날은 우리 집이 놀이터였다. 유치원 이전 시절은 지식보다 자질의 바탕을 갖추는 시기라고 생각했기에 다락방까지도 기꺼이 놀이터로 개방했다.

험난한 세상에 대응하는 용기, 선택해야 할 기로를 맞았을 때 올바른 결정을 할 수 있는 판단력, 그리고 사람을 이끄는 통솔력과 사회적 배려심의 바탕은 공부로 얻어지는 게 아니라 친구들과 어울려 뛰노는 놀이에서 이루어진다고 믿었다. 지식을 쌓는 일은 자라서도 할 수 있다. 꿋꿋한 의지력의 바탕을 짓는 일은 유년 시절을 놓치면 만회가 어렵다는 게 내 생각이었다.

  그리 자란 두 아들이 첫손가락 꼽는 대학교에 진학할 수 있었던 건 골목유치원에서 닦은 기본 바탕이 도움이 됐는지도 모를 일이다.

  요즘은 유아들에게도 한글을 가르치는 어린이집이 많다고들 한다. 다섯 살이 되면 동화를 읽는다는데 대견하다는 생각보다 안쓰럽다는 마음이 먼저 든다. 초등학교 들어가기도 전에 다섯 개가 넘는 학원에 다니는 어린이가 수두룩하다니 유구무언이다. 시대가 바뀌었다는데 저무는 세대인 내가 무슨 말을 할 것인가.

숨은 그림 찾기

 우리 집 베란다에서는 두 그루의 망고나무가 자라고 있다. 수년 전, 손녀와 함께 망고를 먹고 나온 씨를 심었다. 긴가민가했는데 싹이 돋아 천장에 닿을 만큼 키가 자랐다. 둥치 지름이 손녀 팔뚝보다 굵다. 늘씬한 가지에다 무성한 이파리는 창으로 밀려드는 한낮의 뙤약볕을 시원히 가려주는 그늘이 되어준다.
 문제는 나무 티가 제법 나는데도 덩칫값을 못한다는 사실이다. 인터넷에서는 발아해서 이삼 년만 지나면 열매가 달린다고들 했다. 오호통재라! 뿌리를 내린 지 다섯 해 건만 아직껏 열매 맺을 기미가 없다. '올해는 설마 열겠지!' 하는 기대가 물거품이 될 때마다 돈을 주고 사 먹는 것으로 아쉬움을 달랬다.
 그날도 망고를 사서 싱크대 위에 두었다. 장난기 동한 남편이 그중 세 개를 나무에 매달았다. 매단 부분을 이파리로 가렸더니 누가 봐도 제 나무에 열린 망고였다. 그것을 사진으로 찍어 '숨은 그림 찾기'라는 제목을 붙여 가족 단톡방에 올렸다. 숨은 그림이 망고라는 걸 찾아낸 손녀가 신기하다며 난리가 났다. 제가 심은 씨앗에서 돋은 순이 나무로 커가는 과정이 신기했던 터에 열매까지 달았으니 환호할 만했다. 아들과 며느리는 모른 척 입을 다물었다.

"망고는 열린 게 아니고, 할아버지가 장난으로 매단 거야."라는 말이 그만 목 안으로 되넘어가 버렸다. 어린 손녀에게 거짓말하는 것이 과연 옳은지 헷갈렸지만 '하얀 거짓말'은 좋은 거라고, 께름칙한 기분을 달랬다. 그날 우리 부부는 매달아 놓은 망고를 따 먹으며 "역시, 과일은 나무에서 바로 따야 제맛이야!" 씁쓸한 농담을 나누었다.

하루는 밖에 나갔다가 현관문을 들어서는데 남편이 다급하게 말했다.

"큰일 났다. 둘째가 조금 있다가 영상통화 한다더라!" 무슨 소린지 알아채는 데는 일 초도 걸리지 않았다. 신발을 벗다 말고 걸음을 되돌려 가게를 향해 뛰었다. 영상통화에서 손녀는 망고를 보여 달라 할 게 뻔했다. 전화 오기 전에 다시 매달아 놓으려면 시간이 급했다.

숨을 헐떡이며 사 온 망고는 신선도가 떨어져 꼭지 부분이 상해 있었다. 실을 이용해 매달자니 살이 미어져 번번이 허사가 되었다. 하는 수 없이 순간접착제를 이용해 겨우겨우 가지에다 붙이는 데 성공했다. 다행히 세 개를 다 제 자리에 매달고 나서 전화가 걸려 왔다. 아니나 다를까, 손녀는 인사도 생략하고 망고 안부부터 물었다. 우리는 가슴을 쓸어내리며 카메라 렌즈를 의기양양 망고에다 맞추었다.

두 번째 매단 망고는 꼭지만 상한 게 아니었다. 속이 농해서 아예 먹을 수 없었다. 손녀에게 거짓말한 마음이 상한 망고 속 같다는 생각이 자꾸만 들었다. 사실을 알려줘야 한다는 내 생각과 녀석의 기분을 끌어내리지 말자는 남편 의견이 옥신각신했다. 결국, 손녀가 철이 들어 우리 마음을 이해할 나이가 되면 그때 이실직고해도 늦지 않을 거라고 의견을 모았다.

며칠 뒤에 아들 혼자 다니러 왔다. 우리 동네 마트에서 한 세트에 네 개가 든 망고를 샀다. 네 개를 다 보내자는 남편의 말에 펄쩍 뛰었다.

"뭔 소리, 세 개가 열렸다고 했는데 어떻게 네 개를 보내?"

기뻐할 손녀의 모습을 상상하며 마치 집에서 자라는 나무에서 딴 것처럼 세 개만 비닐봉지에 담아 아들의 가방에 넣었다. 이럴 때의 나는 영락없는 맞춤한 사기꾼이었다.

마음이 편치 않았으나 망고를 매달아 사진을 찍어 '숨은 그림 찾기'라며 단톡방에 올린 남편의 행위나, 집에서 딴 망고처럼 위장한 나의 행동이나 손녀를 향한 사랑이었다고 못내 켕기는 마음을 위로했다.

　나는 조부모가 계시는 집에서 자랐어도 할아버지 할머니의 사랑을 기억하지 못한다. 두 분인들 맏손녀인 나를 사랑하지 않았을 리 없다. 복잡하게 그려가는 인생이라는 그림에서 찾아내지 못하는 숨은 그림이 왜 없겠는가.

　기껏해야 한 해에 두세 번 만나는 손녀다. 훗날 우리가 한 행동을 들려주었을 때 손녀는 과연 '숨은 그림'을 모의한 우리 마음을 알아줄까, 그것이 자못 궁금하다.

태화강 찬가

　남산에 올라 강을 바라본다. 한눈에 안기는 물길이 굽이굽이 그림 같다. 초록빛 대숲이 어우러진 강의 풍경을 매일 산책길에서 조망할 수 있다는 건 남산 자락이나 강 인근에 사는 주민의 행운이자 특권이다.
　윤슬로 단장한 물결이 탱고 춤을 추는 아침, 물고기는 떼 지어 물보라를 일으켜 음표를 그린다. 잠에서 깨어난 새들은 하루를 시작하는 의식을 치르듯 하늘을 무대로 군무를 펼친다. 동녘에서 비추는 햇살을 조명 삼아 거대한 공연이 펼쳐지는 이곳은 울산의 동맥인 태화강이다.
　대숲을 끼고 굽이도는 강은 자연과 인간이 힘을 합해 빚어낸 예술품이다. 강의 옛 모습을 기억하는 나는 지금의 강물을 마주할 때마다 기적을 보는 듯한 감회에 젖는다.

 울산에 처음 발을 딛었을 때, 가장 격하게 나를 반긴 건 공장에서 내뿜는 매연 냄새였다. 산골에서 청정한 공기를 마시며 자란 내게 숨을 쉴 때마다 코를 찌르는 화학연료 냄새는 견디기 힘든 고역이었다. 강가에 가면 한결 숨쉬기가 나을 거 같았.

 어느 날, 돗자리까지 준비해 찾아간 강은 실망만 한아름 안겨주었다. 먼빛으로 보이는 강과 가까이서 느끼는 강의 실체가 너무나 달라서 놀랐다. 멀리서 바라본 강은 그림에서 본 유럽의 여느 강처럼 아름다웠다. 유감스럽게도 가까이서 본 강의 물빛은 구정물을 풀어놓은 듯 우중충했고, 악취 섞인 물비린내가 코를 쥐게 했다. 그날의 일기장에는 '얼른 돈 벌어 하루빨리 울산에서 탈출해야겠다.' 라고 적혀 있다. 그 결심을 실천에 옮기지 않은 것을 지금은 다행스레 생각한다.

 울산이 공업도시로 발을 내딛기 이전의 태화강은 식수로 사용해도 되는 일급수였다고 한다. 1962년, '특정공업지구'로 이름을 올리고부터 강물의 수난 시대가 시작되었다. 나날이 공장이 늘고 인구는 불어났다. 공장의 오폐수와 사람들이 쓰고 버린 생활용수가 강으로 흘러들었다. 종래 강은 물고기가 떼죽음을 당하고, 산업용수로도 사용이 불가한 죽음의 강으로 전락하고 말았다. 그 결과로 2000년 여름에는 일만오천여 마리의 물고기가 떼죽음을 당했다.

그랬던 강이 일급수 생태하천으로 거듭났다. '사람이 하려고 해서 안 되는 일은 없다'라는 말이 있다. 지금의 태화강이 그 말을 생생히 증명한다.

2005년, 울산광역시 당국에서는 '태화강 마스터플랜'을 수립하고, 태화강 살리기 사업에 돌입했다. '안전하고 깨끗한 태화강', '생태적으로 건강한 태화강', '친숙하고 가까운 태화강', '역사와 미래가 있는 태화강'이라는 거대한 기치의 사업계획을 들었을 때, 그 계획이 꿈으로만 끝나면 어쩌나 조바심쳤다. 그때는 그리도 빠른 시간에 꿈이 이루어질 줄은 상상도 못 했다.

2007년 이후, 강의 수질은 연어와 은어가 돌아오는 일급수로 바뀌었다. 공업용수와 생활용수가 강으로 흘러들지 못하게 한 배수관 설치의 결과였다. 물고기가 살지 못하는 강을 단기간에 살려낸 건 기적이라 할 만했다. 강을 살려낸 비결을 배우기 위해 외국에서까지 사람들이 찾아왔다.

태화강처럼 아름다운 강은 흔치 않다. 강변을 따라 초록빛이 파도치는 우거진 대숲을 거느린 강이 다른 도시에 또 있다는 소리는 듣지 못 했다.

2019년, 태화강이 대숲과 더불어 '국가정원'에 이름이 오른 것은 당연했다. 아득한 수평선의 바다를 안고 있는 도시, 수려한 산세의 육지를 업고 있는 도시, 그 도시 가운데로 흐르는 유려한 강의 자태와 떼까마귀 보금자리가 되어주는 십리대밭의 녹색 절경을 나라에서도 알아본 것이다.

　울산 시민으로 살아온 세월이 오십 년이다. 이곳에서 청춘이 저물었다. 생을 이별하는 기차도 이곳에서 타게 될 것이다. 사는 일이 힘들고 버거울 때 강변을 산책하면서 위로 받았고, 의연히 흐르는 강물에서 힘을 얻었다. 나이가 든다고 청춘의 모두를 상실하는 게 아니라는 것도 강을 통해 알게 되었다.

　물보라를 일으키며 물고기가 떼 지어 유영할 때 생기는 어룽지는 물그림자를 바라보고 있으면, 마음속에 티끌로 떠다니는 걱정이 한줌씩 사라짐을 느낀다.

　어느 해 질 무렵, 하늘 가득 펼쳐지는 새떼의 군무를 거울처럼 비추는 강물을 통해 보고 있는 나를 발견했다. 그때 문득 깨달았다. 사람의 마음도 맑고 깊게 가꾸어야 살아온 날을 부끄러움 없이 반영하는 거울이 될 수 있다는 사실을. 그것을 강이 내게 가르쳐 주었다.

제3부

밥을 버는 일

길에서 재활용 폐지를 줍든, 난전에서 내 물건 사 달라고 외치든, 잠든 관광객들을 향해 여행지의 특징을 알리려 열변을 토하든 밥을 버는 일은 엄숙하고, 거룩한 행위다. 오죽하면 밥을 버는 일터를 생활전선이라 할까.

- 밥을 버는 일
- 말동무
- 어느 운전기사의 사랑 이야기
- 심심해서
- 라떼파파 시대
- 디지털 수업료
- 경적의 양면
- 귀신이 듣고 있다
- 산 조상 죽은 조상
- 제사상 표준안
- 연가시
- 모지랑비

밥을 버는 일

 '생활전선'이라는 단어는 왠지 사람을 숙연하게 한다. 이 말을 입속으로 뇌면 가족들의 '밥'을 벌기 위해 분투하는 가장이 보이고, 가난한 알바생과 경제적인 쪼들림에서 벗어나려 시간제 일에 뛰어든 가정주부가 보인다. 밤샘하며 불 밝혀 일하는 연구원도 보인다. 생활전선은 생계나 살림을 꾸려가기 위하여 갖은 애를 쓰는 사회적 활동 공간을 이르는 낱말인데 왜 내게는 공간보다 사람이 보일까?

 한여름 뙤약볕 아래서 땀으로 샤워하며 일하는 노동자를 보노라면 밥이 뭘까 생각하게 된다. 더러는 밥을 벌기 위해 일하는 건 아니라고 말하는 사람이 있다. 자기 위안을 삼으려고 하는 말이거나, 화수분처럼 솟는 돈줄을 가진 사람일 터다.

밥은 생명이다. 인간관계의 규범을 유지해주는 근원이기도 하다. 그런 의미에서 밥을 벌 수 있는 생활전선이 있다는 건 축복이라 할 만하다. 그런데도 자기가 속한 밥벌이 일터를 축복이라 느끼는 사람보다 '먹고 살려니 못 죽어서 붙어있을 뿐'이라고 말하는 이가 더 많다. 그런 말을 들을 때, 내 머릿속에서는 영화의 화면처럼 한 장면이 스쳐 지나간다.

동남아의 어느 나라로 패키지여행을 갔을 때였다. 빡빡한 일정이 잡혀있던 그날은 새벽 4시에 잠에서 일어나 버스에 올랐다. 버스는 새벽어둠을 헤치며 엔진 출력을 높였다. 소풍 가는 유치원생 인솔하는 담임같이 우리를 챙기던 안내자는 버스 안을 돌면서 안전띠를 맸는지 일일이 확인했다. 그러고는 앞자리로 돌아와 전방을 주시한 채 꼿꼿이 서서 관광할 곳에 대한 설명을 웅변하듯 이어갔다.

그날의 일정을 알려주는 말로 시작한 이야기는 그 나라의 역사와 지리로 옮겨갔다. 한국에서 태어나고 자랐다는 사람이 남의 나라 사정에 그만큼 능통하기까지는 많은 시간과 노력을 기울였을 터였다. 문제는 듣는 나의 정신과 몸이 따로 노는 일이었다. 정신이, 말하는 이의 노고를 헤아리며 열심히 들으려 안간힘 쓸수록 몸에서는 졸음이 소나기로 쏟아졌다. 그러다 기어이 잠에 빠졌다.

얼마를 잤을까? 잠에서 깬 나의 뇌파로 그 지방의 특산물이 어쩌고저쩌고하는 소리가 우렁우렁 들려왔다. 버스가 지나고 있는

지방의 소개인 듯했다. 빤히 눈이 닿는 한 좌석 건너에서 잠들었다는 사실이 무안하고 미안했다. 공범자를 찾는 심정으로 혹여 졸고 있는 이가 있는지 뒤를 돌아보았다. 세상에나, 한 사람도 남김없이 고개를 젖히고 잠들어 있지 않은가!

그 장면은 내게 충격이었다. 듣는 이가 한 사람도 없는데 목이 쉬도록 열변하는 안내자라니! 그 모습이 피에로처럼 보이면서도 가슴 밑바닥에서는 슬픔이 고이는 이상한 감정에 휩싸였다. 밥을 버는 일이 아니었다면 이른 새벽부터 그렇게도 열심히 목소리를 돋우지는 아니했을 것이다. 그는 말하는 내내 차창밖에 눈을 고정하고 있었지만 흑백의 사진처럼 스쳐 가는 새벽 풍경을 보는 것 같지는 않았다. 한국이라면 새벽 두 시가 넘은 시각이었고, 생체리듬상 꽃잠이 들어있을 시간이었다. 여행객 모두가 잠들어 있다는 걸, 그는 분명 알고 있었을 것이다. 현재의 국적이 다를 뿐, 한국에서 나고 성장했다는데 고국에서 온 사람들의 인체 습관을 모를 리 없었다.

듣는 이 없다는 걸 알면서도 밥을 위해서 한 의무 이행이었다면 그의 가슴에는 이렇게까지 해야 하나, 자신이 하는 일에 문득문득 자괴감이 일지 않았을까. 그게 두려워 승객들과 눈 맞춰 말하는 걸 피했는지도 알 수 없었다. 그도 한 집안의 가장일 터였다. 모두가 잠든 대상을 향해 홀로 열변을 토하는 모습을 가족들이 봤다면 옷깃을 여미면서도 가슴이 쓰라렸을 것이다.

여행하는 동안 사람들의 입에서는 그를 칭찬하는 말이 끊이지 않았다. 패키지여행의 질은 어떤 안내자를 만나는가가 절반을 결정한다. 그는 맡은 의무에 최선을 다하는 사람이었다. 그것이 모두가 잠든 차 안에서 열변의 해설을 이어간 동력이었고, 낯선 타국에서 밥을 벌어 가족을 부양하는 비결이었을 것이다. 그 사람이라고 직업에서 오는 회의감이 왜 없겠는가. 그러나 함께하는 닷새간의 여정 동안 그의 표정 어디서도 '먹고 살려니 못 죽어서 붙어 있을 뿐'이라는 기미는 찾아볼 수 없었다.

밥은 힘의 근원이다. 사랑을 유지하는 근간의 에너지도 밥에서 나온다. 무궁무진한 디지털의 발달도 밥이 없다면 불가능하다.

길에서 재활용 폐지를 줍든, 난전에서 내 물건 사 달라고 외치든, 잠든 관광객들을 향해 여행지의 특징을 알리려 열변을 토하든 밥을 버는 일은 엄숙하고, 거룩한 행위다. 오죽하면 밥을 버는 일터를 생활전선이라 할까. 이걸 모르는 사람은 없을 것이다. 단지 우리가 이 사실을 잊고 살 뿐이다.

말동무

  인생 종착역은 누구에게나 온다. 그 종착역이 가까워지는 시기에 이르렀을 때, 말동무해 주는 사람이 곁에 없다는 건 슬픈 일이다.

  시어머니께서는 병고에 들고부터 기억을 잃어가다 수년 뒤부터 말하는 걸 잊어갔다. 마치 그분의 머릿속에 생각을 지우는 괴물이 사는 것 같았다.

  사랑하는 자식들의 이름조차 잊은 어머니가 창문 밖으로 보이는 석류나무꽃을 보고 "석류꽃이 피었네." 라고 또렷이 발음하신 그 순간을 잊지 못한다. 그것이 당신께서 소리 내어 말씀하신 마지막 문장이었다.

  지금도 꽃을 보면 어머님이 하시던 말씀이 생각난다.

"아침에 일어나면 제일 먼저 화단에 있는 꽃하고 얘기를 한단다."

그렇게 말씀하시고는 계면쩍은 표정으로 낮게 웃으시곤 했다. 당시가 치매 초기였다는 걸 다섯 명의 자식 중 누구도 눈치채지 못했다.

초등학교 교사를 지냈던 어머님은 외할머니 소원에 따라 아버님과 결혼했으나 부부간에 속옛말을 나눌 만큼 정을 쌓지 못했다. 마음을 나눌 이웃이나 친구도 두지 않았다. 오로지 당신 속으로 낳은 자식들이 친구였고, 믿을 수 있는 말동무였다.

세월이 흘러 머리가 굵어진 자식들은 차례대로 저희 둥지를 지어 날아가고, 두 내외분만 적막한 집을 지켰다. 어머님께 말동무 없는 나날이 다시 찾아왔다. 마음의 통로가 막힌 두 분 사이에는 말이 오가는 길이 일상생활에 필요한 언어로 한정되어 있었다. 점점 덩치를 키운 고독은 두 분의 삶을 따로따로 에워쌌다. 고독마저 공유하기를 피하신 것이다.

어머님은 우아한 삶을 지향했다. 꼿꼿한 자세로 걷는 거는 물론 앉음새 또한 단정했다. 당신께서는 갓 시집온 며느리에게 "나는 이 나이까지 사는 동안 남의 집 이불에 발을 넣어본 적 없고, 남의 집 변소를 출입해 본 적이 없다." 라고 하셨다. 그 말을 왜 들려주었는지는 아직껏 의문으로 남아있다. 이웃을 경계하라는 말씀일 수도 있고, 사람을 섣불리 사귀지 않는 당신을 본보기로 삼으라는 훈계일 수도 있었다. 친인척으로 이루어진 마을에서 사람들에 대한 경계심을 모르고 자란 내게는 그 말씀이 선뜻 이해되지 않았다.

당신 삶의 자세를 지켜보면서 어렴풋이나마 말뜻을 헤아렸다. "여자는 가족 외의 사람에게 함부로 입을 섞어서는 안 된다. 그건 품위를 손상하는 행위다. 여자의 일거수일투족은 흐트러짐 없이 늘 단정해야 한다."라는 말은 내가 본 어머님의 생활신조였다. 오랜 시간 쌓인 그 신념이 말문을 닫게 한 치매를 불러왔을지도 모른다고 지금 나는 생각한다.

어머님 당신은 전통적인 가부장제 사회에서 품위 있는 여성으로 살기 위해서는 외부로부터 자신을 고립시키는 게 최선이라고 생각했을 것이다. 그런 신념이 오히려 자신을 가둔 감옥이 되지 않았을까?

음식을 먹으면 필요 영양소만 섭취하고 남은 찌꺼기는 배설하는 게 우리 몸의 메커니즘이다. 살아가는 나날이 스트레스를 쌓아가는 과정인 우리의 뇌도 배설이 필요하기는 마찬가지다. 뇌에 쌓인 찌꺼기를 내보내기 위해서는 믿고 말할 수 있는 말동무가 있어야 한다. 현대인들은 친한 친구가 없어도 수천 마디 할 말을 쏟을 수 있는 SNS가 있다. 그러나 어머님 시대에는 말 한마디가 천 근이었다. 그 무게가 결국 말문을 막은 것은 아닐까?

"저 꽃들이 못 하는 말이 없어. 사람보다 나아."

아무렴, 사람보다 꽃이 나았을까? 어머니는 특별한 감수성으로 자연과 교감하는 초능력을 가진 분이 아니었다. 오죽 말동무가 그리웠으면 꽃이 못 하는 말이 없다고 했을까? 자존심 강한 당신께서는 말을 나눌 사람이 그립다는 말을 자식에게도 하지 못했을 것이다.

마당에서 꽃을 피운 나무들을 보노라면 어머님이 생각나 슬퍼진다.

"얘야, 꽃나무가 없었으면 어쩔 뻔했노! 쟤들이 없었으면 내 입에 거미줄 쳤을 거라."

그때도 내 머리에는 치매라는 단어가 아예 없었기에, 어머님께서 시인의 소양이 있으신 거 아닌가 생각했다.

'꽃들이 없었으면 입에 거미줄이 생겼을 거라.'는 말의 뜻을 떠올리면 가슴이 저릿해 온다. 누가 그 말에서 자유롭겠는가. 지금의 우리는 초고속으로 발전하는 디지털 시대를 살고 있다. 휴대전화 속에 연결된 세상에는 없는 게 없다. 내 손 안에 전화기만 있으면 외롭지도 않다.

세상과 이별하는 시기가 닥쳤을 때, 과연 전화기가 무슨 도움이 되겠는가. 그 순간에 필요한 건 정다운 목소리로 눈 맞추며 말을 나눌 사랑하는 사람일 것이다. 인생의 막바지에 이르렀을 때, 말동무해 주는 사람이 곁에 없다면, 말 없음의 괴괴한 침묵만이 에워싸고 있다면, 생각만 해도 지레 두려워 몸이 떨린다.

어느 운전기사의 사랑 이야기

"어디로 모실까요?"

모자를 눌러 쓴 택시 기사는 비 오는 차창 너머 정면을 응시한 채 내게 물었다. 목소리가 여자 운전자였다. 도착지를 말해주고 손님과 운전자 간의 의례적인 몇 마디의 대화가 오갔다.

"손님, 저어 청이 있습니다. 제 얘기를 들어주시면 안 될까요? 제가 말을 하지 않으면 죽을 거 같아서요."

그날 나는 영화 같은 그녀의 사랑 이야기를 들었다. 아니, 들어주었다.

그녀는 대학에 다니면서 한 남자와 사랑에 빠졌다. 남자는 부잣집 아들이었고, 그녀는 스스로 학비를 마련해야 할 만큼 가난한 집안의 딸이었다. 두 사람의 사랑은 너무나 열렬해서 교내에서도 소문이 날 정도였다. 그녀에게 문제가 생겼다. 자신의 힘으로 학비를 마련하는 일도 버거운 판에 가족들의 생계를 책임져야 할 상황까지 내몰렸다.

그러던 차에 남자가 유학을 가게 되었다. 남자는 그녀에게 같이 가자며 손을 내밀었다. 밤새워가며 고민했으나 사랑하는 이와 유학 가는 일보다 더 큰 일이 가족들의 밥을 해결하는 일이었다. 그런 이유로 같이 가서 돈 벌어 유학비를 해결하자는 남자의 간절한 청을 외면할 수밖에 없었다. 남자가 유학길에 오르던 날을 끝으로 그녀는 학교를 그만두었다.

그 뒤로 가족들의 뒷바라지를 위해 안 해 본 일이 없다고 했다. 형편이 나아지면 복학하리라는 다짐은 동생들을 바라지하느라 먼지가 되었다. 가끔 그 사람이 자신을 찾는다는 소리가 들려왔으나 자신 있게 나설 용기가 나지 않았다. 망가질 대로 망가져 술집에서도 일했다는 그녀는 주소지와 일터를 옮겨가며 자신을 숨겼다. 결국 도망치듯 아는 사람 없는 울산으로 내려와 택시의 핸들을 잡았다고 했다.

"오랜 세월이 지나 이제는 잊었으려니 하고 살았습니다. 오늘, 친구로부터 전화를 받았네요. 그 사람이 아직도 저를 찾고 있다는군요. 결혼도 하지 않고."

결국 그녀는 도로 가 쪽에 차를 세우더니 핸들에 얼굴을 박고 어깨를 들썩였다. 나도 감정이 이입되어 눈시울이 축축해졌다. 울음이 잦아들 때를 기다려 물어보았다.

"기사님, 그리 오랜 세월 애타게 찾는데 왜 안 만나나요?"
"나는 그 사람 만날 면목도 자격도 상실했는걸요."
"결혼해서인가요?"
"아뇨, 저는 결혼하지 않았습니다."
"?"

그녀가 말하는 동안 검은 가림막을 친 것 같은 어두운 하늘에서 눈물 같은 비가 주룩주룩 내렸다. 빗줄기는 차들의 전조등 불빛에 빛의 파편처럼 부서졌다. 부서진 빗물이 차창으로 마구마구 쏟아지던 그 밤의 정경은 지워지지 않는 부조로 내 안에 새겨졌다.

얘기를 하는 동안, 그녀는 단 한 번도 내 쪽으로 얼굴을 돌리지 않았다. 택시비를 계산할 때조차 앞만 응시하고 있어서 예쁜지, 젊은지 알지 못했다. '이 시대에도 저런 사랑을 하는 사람이 있나?' 긴가민가한 느낌으로 듣고 있던 내게 그녀의 울음은 이제껏 한 이야기가 거짓이 아니라는 웅변 같았다.

말하지 않으면 죽을 거 같은 심정을 헤아려본다. 하소연할 대상이 오죽 없었으면 생면부지 승객에게 자기의 아픔을 털어놓았을까? 얼마나 마음이 아팠기에 말하지 않으면 죽을 거 같았을까? 그녀는 이곳을 은거지로 선택했으나 마음 터놓을 말동무는 두지 못했던 게다.

 우리는 슬프거나 외로우면 하소연을 쏟아놓고 위로받고 싶어 한다. 그날, 내가 말을 들어준 것으로 그녀의 마음에 차 있던 슬픔이 덜어졌는지는 알 수 없다. 감정이 이입되어 같이 눈물을 흘리기도 했으니 조금은 위로받았을 거라고 짐작할 뿐이다.

 그날로부터 시간이 꽤 흘렀다. 어쩌다 들어 준 남의 연애사가 이토록 오래 기억 속에 남아 있을 줄 몰랐다. 그 남자는 아직도 여자를 찾고 있을까? 여자는 어떤 모습으로 삶을 이어가고 있을까? 아니면 두 사람이 해후해서 행복해졌을까? 잠깐 말을 들어줬을 뿐인데 기억이 날 때마다 두 사람의 행로가 궁금해진다.

심심해서

봄 햇살이 나른히 내리쬐는 날이었다. 시골 마을 골목길에 차를 세우고 차창을 뒤덮은 누런 꽃가루 먼지를 털어내고 있었다.

지팡이를 든 여자 한 분이 어정어정 걸음으로 다가왔다. 허리도 굽지 않았고, 얼굴에 주름살이 드문 걸로 보아 귀신이 친구 하자고 할 나이는 안 된 것 같았다. 뜻밖에도 그녀가 오랜 지기한테 말을 걸듯 "아이고, 쬐깐한 차를 어지간히도 곱게 닦네." 했다.

곱게 닦는다는 말은 흘러가고 쬐깐하다는 말만 귀에 남았다.

"사람이 작으니 차도 작아야죠."

내 귀에도 내 말이 퉁명스레 들렸다.

"근데 아줌마, 낯선 거 보이 이 동리 사람이 아니네. 어디서 왔소?"

싸라기 밥을 먹었는지 툭 자른 반말에다 끝말만 간신히 올렸다. 어쨌거나 나보다는 나이가 많아 보여 공손하게 대답했다.

"울산에서 왔습니다."

"쬐깐한 차 닦을 거나 있나?"

이런! 또 반말에 쬐깐한 차라네. 슬슬 비위가 꼬였다. 그렇다고 쬐깐한 차를 쬐깐하다고 하는데 뭐라 토를 달 수는 없었다. 이럴 때는 말대답하지 않는 게 상책이라는 건 살아온 경험으로 안다. 입을 꾹 다물었다. 삼사 분 곁에 서 있어도 내 입에서 이어지는 말이 없자 그녀는 다른 곳을 향해 어기적어기적 걸음을 옮겼다.

"내가 심심해서!"

혼잣소리로 중얼거리는 말이 고무총에 끼워 쏜 껌딱지처럼 날아와 배배 꼬인 내 비위에 착 달라붙었다. 쬐깐하다는 표현은 말을 걸려는 열쇠였다는 걸 그제야 깨달았다. 오죽 말이 고팠으면 작은 차를 꼬투리로 생판 모르는 사람에게 말을 걸었을까?

'어쩌면 남편 먼저 저승길 보내고 홀로 된 여인인지도 알 수 없다. 저 나이쯤 되면 자식들은 저희 둥지 건사하느라 엄마에게 말동무해 줄 짬이 나지 않을 것이다.' 추측성 생각이 제멋대로 머릿속을 들락거렸다. 나뭇잎 스치는 소리가 크게 들리는 마을에는 마음 나눌 사람이 없을 듯도 했다. 진즉 그 마음을 눈치챘더라면 잠시라도 말 상대를 해 주었을 텐데, 쬐깐한 차라는 말에 심사가 꼬여 꾹 입 다문 게 왠지 미안했다.

'심심해서'라는 말에 담긴 마음을 읽고 있을 때, 그녀는 골목 모퉁이로 자취를 감추는 중이었다.

  사람은 사회적 동물이다. 배고프면 음식을 찾듯 외로우면 마음을 나눌 대상을 찾는다. 외로움을 노년의 삼중고 중 하나라고들 한다. 하루하루가 덧없이 흘러가는 인생 늘그막에 말동무가 없어 심심한 나날이라니!

라떼파파 시대

'라떼파파'는 한 손에는 커피잔을 들고 다른 한 손으로 유모차를 끄는 남편을 일컫는 말이라고 한다. 남녀 공동으로 아이를 키우는 스웨덴에서 유래했다는데 가족과 함께 나들이 나선 젊은 가장을 보면 저절로 떠오르는 의문이 '바야흐로 우리나라도 라떼파파 시대가 오는가?'이다.

초등학교 육 학년 무렵이었다. 선생님께서 학생들에게 장차 무엇이 되고 싶은지 물었다. 남학생은 장군이나 과학자라고 대답한 숫자가 많았던 반면, 여학생은 말을 맞춘 듯 현모양처라고 쓴 아이가 대부분이었다. 아장아장 걸음마 배울 때부터 여자는 뭐니해도 현모양처로 사는 게 최고라는 말을 귀가 닳도록 듣고 자란 결과였다.

현모양처가 되는 걸 희망이라고 써낸 친구들을 이해할 수 없었다. 어른들과 남편에게 복종하며 사는 어머니나 숙모가 내 눈에는 종처럼 보였기 때문이다. 선생님께서 칠판에다 현모양처賢母良妻를 쓰고 어진 어머니에 착하고 순한 아내를 뜻하는 말이라는 설명을 곁들였을 때, 나는 손을 번쩍 들고 "현부양부賢父良夫라는 말도 있습니까?"라고 질문했다. 선생님은 기가 찬 표정으로 웃으시더니 나중에 네가 커서 그 말을 만들어보라고 대답했다.

나는 집에서도 학교에서도 소문난 왈가닥이었다. 얌전한 여학생과는 거리가 먼 행동을 대놓고 하는 나를 어른들은 선머슴 같다고 나무랐다. 나무람 중에 가장 듣기 싫은 소리가 "그래서는 현모양처가 못 된다." 라는 말이었다. 현모양처 중에 양良이라는 글자가 순하다는 뜻으로 머리에 입력된 나는 남편에게 고분고분 복종하며 사느니 차라리 비구니나 수녀가 되겠다고 속으로 다짐했다.

여자로 태어난 운명의 굴레가 싫어 선머슴 같은 행동을 마다하지 않은 나도 관습의 가랑비는 피하지 못했다. 결혼해서 남편을 따라 떠나는 내게 어머니는 "이제부터 시부모님이 네 부모다. 우리는 잊어버려라. 시부모께 잘하는 게 우리에게 효도하는 것이다. 남편을 하늘로 여겨라. 내 말 꼭 명심해야 한다."라는 말을 아내로, 며느리로 살아갈 앞날이 두려운 나의 머리에다 '시집살이 계명'으로 꼭꼭 심어주었다.

오호통재라! 나는 겉만 말괄량이였다. 명심하지 않아도 어머니의 말씀이 내 피와 살 속에 이미 저장되어 있다는 걸 결혼해 살면서 깨달았다. 책에서 배운 남녀평등의 가치관은 체화된 관습과 가정의 평화를 지킨다는 명분 앞에 너무나 무력했다. 어릴 때 보고 배운 규범에서 한 발짝도 벗어나지 못하는 자신에 나도 놀랐다.

어처구니없을 만큼 순한 아내로 변모한 나를 보고 친구들은 고개를 갸웃거렸다. 학생 때의 나와 결혼한 뒤의 내가 도무지 같은 사람으로 보이지 않는다고 했다. 그리 말하는 친구들 역시 보고 들은 대로 착하고 순한 아내의 삶을 선택했을 것이다.

현모양처라는 말이 등장한 건 1906년부터라고 한다. 조선시대부터 내려온 열녀효부烈女孝婦에 비하면 진일보한 단어였다. 처음에는 개화기의 신여성을 일컫는 말로 쓰였다가 해방과 전쟁을 거치면서 이상적인 여성상의 단어로 정착했다고 한다. 오만 원권이 나오면서 신사임당과 현모양처를 동일시하는 사람들까지 생겨났다.

세월은 변화무쌍하다. 이십 세기 초반에 나서 자란 어르신 세대가 요즘 같은 남녀평등의 시대를 상상이나 해봤을까? 지금 시대에는 '어진 어머니이면서 착한 아내'의 삶을 지고의 가치로 여기고 살아온 세대들조차도 현모양처라는 말을 쉬이 입에 올리지 않는다. 결혼하지 않고 살겠다는 비혼자거나 결혼해도 아기를 낳지 않겠다는 청춘들에게 현모양처를 읊조린다면 고조할머니가 환생한 줄 알 것이다. 착한 남편이 함께하지 않는 순한 아내의 상은 아들만 둘인 나도 반대다.

　가슴에는 띠를 둘러 아기를 안고, 한 손에는 기저귀 가방을, 다른 한 손에는 핸드백을 든 남자를 흔히 본다. 더 놀라운 건 그 옆에서 빈손으로 살랑살랑 걸어가는 여자의 모습이다. 나름 깬 시어머니라고 자처하는 내 눈에도 아내의 핸드백까지 들어주는 남자의 행동은 충격이다. 아기를 안고 아내의 핸드백까지 들어주는 남편이라면 '현부양부賢父良夫'라고 일컬어도 손색이 없으리라.

　요리하고, 설거지하는 남편의 숫자가 점점 늘고 있다고 한다. 아이까지 키우는 라떼파파 시대가 멀지 않았다. 그런 시대가 오면 떨어진 출산율도 올라가지 않겠는가.

디지털 수업료

　주민세를 납부하려고 은행을 찾았다. 입구에 들어서자 먼저 온 사람들이 줄을 서 있다. 기다리기 싫어 다음에 낼까 하고 되돌아 나오려는데 손에 들고 있는 고지서를 본 안내원이 복도에 있는 현금인출기 쪽을 가리키며 수납 기계를 이용하란다.

　매월 발생하는 생활 공과금은 지로로 납부한다. 대신 횟수가 뜸한 국세나 지방세는 은행 창구를 이용해 왔다. 아날로그에 길이 든 나는 첨단 기계와 마주하면 겁부터 난다. 편리하다는 인터넷 납부나 수납 기계를 이용하지 않은 이유다. 일단은 해보기로 했다.

　기계 수납은 의외로 쉬웠다. 납부자 '본인 명의'를 누른 뒤 통장 카드를 넣고 영수증을 출력했다. 지시하는 순서와 글자만 파악하면 아무것도 아닌 것을 해보지도 않고 괜히 겁을 먹었다.

해냈다는 생각에 으쓱해져 영수증을 살펴보던 중, 영수 된 금액 아래 찍혀있는 '수수료 900'이라는 숫자에 화들짝 놀랐다. 뭔 수수료? 기계를 이용해 세금을 내면 수수료가 붙는 것일까? 연체한 세금도 아닌데 900원이라는 돈이 왜 빠져나갔을까?

은행 안내자에게 영수증을 보여주고 까닭을 물었다. 이유는 타 은행 카드를 이용한 때문이라고 했다. 아니, 타 은행에서 발행한 카드라고는 하나 송금이나 물건값 결재에도 수수료가 붙지 않는 우대용 체크카드인데 왜 유독 세금에만 수수료가 따라붙는 것일까? 이해되지 않았으나 중언부언 토는 달지 않았다. 이런 경우 나만 무식해 보일 거라는 계산이 입을 닫게 했다.

이곳 은행에서 발행한 카드를 사용했다면 수수료는 발생하지 않았을 것을! 어쨌거나 900원은 내 무지함에 치른 대가라는 생각에 기분이 상했다. 진화하는 디지털 기계 앞에서 나는 얼마나 더 무안을 겪어야 할까?

올해 초, 무인 주차장에서 주차비를 정산하려는데 겨우 사용법을 익혀둔 종전의 기계가 아니었다. 새로운 양식의 기계 앞에서 '대낮의 올빼미'가 되어 애꿎은 카드만 꽂았다가 뺐다가 허둥거리는 내 모습이 자신이 봐도 딱했다. 결국, 뒤에서 순서를 기다리던 분의 도움으로 위기를 모면했다.

셀프주유소에서도 난감한 적이 있다. 남이 하는 걸 눈으로 봤을 때는 쉬워 보였던 급유가 내 손으로 하려니 잘되지 않았다. 도리 없이 사무실로 달려가 도움을 청했다. 그 일이 있고부터 되도록 셀프주유소는 피하고 있다. 망신당하느니 기름값 더 지출하는 게 마음 편하다. 문제는 셀프주유소 아닌 곳이 흔하지 않아 애를 먹기도 한다는 사실이다. 이 모두가 디지털 기계에 서툴러 치르는 대가이다.

  이런 일을 겪을 때는 달음박질하는 첨단 문명이 원망스럽고, 디지털에 이해가 더딘 아날로그 세대인 게 슬프다. 사람과 얼굴을 맞대고 일을 처리하는 아날로그 방법은 다소의 오차쯤은 소통으로 해결할 수 있다. 하지만, 초고속의 속도와 편리를 장착한 디지털 문명은 한 점의 오차도 허용하지 않는다. 나는 이 한 점의 오차가 두렵다.

  은행 건물 코앞이 건널목이다. 900원이 아까워 이마에 주름살을 거두지 못한 채 파란 불 켜지기를 기다린다. 대학생으로 보이는 청년이 쭈뼛쭈뼛 다가와 '동사무소'로 가는 길을 묻는다. '행정복지센터'라 하지 않고 동사무소라는 옛 명칭을 사용하는 청년이 왠지 정겹다. 동사무소 근처에서 수십 년을 터주로 살아온 내게는 눈 감고도 갈 수 있는 길이다. 친절을 덤으로 얹어 손짓과 발짓을 곁들인 세세한 안내에 청년의 표정이 환해진다. 나도 덩달아 기분이 좋다.

  젊은이의 뒷모습에서 사라져간 내 청춘의 그림자를 본다. '맞아. 내게도 저런 젊은 날이 있었지.'라는 자각과 함께 '뱃속에서 배워 나온 사람 없다.'라는 말이 전깃불로 지지듯 머릿속을 스친다. 지식이나 생활상식 역시 모르는 길과 다르지 않다. 디지털 세상에서는 날아다닐 청년이 복지센터 가는 길은 내게 묻지 않는가! 모르면 물어서 배워가는 것이 인생이라는 걸 잠시 잊고 있었다.

첨단 기계를 만든 사람도 있는데 사용 방법 하나 익히지 못한다면 밥 먹을 자격이 없다는 말을 들은 기억이 난다.

"디지털이 별건가? 모르면 배워가며 사는 거지. 배워도 안 되면 그런대로 사는 거지."

세상에 공짜가 어디 있나? 나는 오늘 디지털 배우는데 수업료를 낸 것이다. 기계를 이용하여 세금을 내는 것도 익히고, 카드는 발행한 은행의 기계에서 사용해야 수수료가 붙지 않는다는 것도 알게 되었다. 구백 원은 첨단 문명을 알아가는 데 낸 수업료다. '한 끗발 차이'라더니 수수료에서 수업료로 가운데 한 글자 바꾸었을 뿐인데 회오리치던 마음이 잔잔해진다.

경적의 양면

 사거리에서 우회전을 하려고 대기 중이다. 교차로에서의 우회전은 직진 신호나 가로 차도에 좌회전 신호가 들어왔을 때 하는 것이 안전하다는 건 상식이다. 하지만, 운전 시의 상식은 '빨리'라는 천적 앞에서 힘을 쓰지 못한다. 우회전할 기회를 살피고 있는데 그 새를 참지 못한 뒤차가 "빵빵" 경적을 울린다.
 소리로 주의를 알리는 장치인 경적은 양면성이 있다. 안전을 위해 절대 필요한 이 도구가 때로는 사람을 화나게 하고, 싸움의 빌미가 되기도 한다.
 아들이 초등학교 들어가기 전이었다. 그때는 놀이터가 따로 없어 골목이 아이들의 놀이터였다. 아들은 걸을 줄 알고부터 골목으로 나가 또래들과 어울렸다. 가끔 오가는 차가 있기는 했으나 지금처럼 숫자가 많지 않아 안전에는 크게 신경 쓰지 않았다.

어느 날, 빨래하는 내 귀에 연속으로 빵빵거리는 소리가 들렸다. 뭔 일인가? 놀라서 후다닥 뛰어나갔다. 옆집, 뒷집 엄마들도 초의 간격으로 뛰어나왔다. 어미를 본 아이들은 단체로 울음을 터트렸다. 좁은 골목길에 날카로운 경적을 속사포로 쏘아댄 화물차는 꽁무니를 뒤로 하고 저만큼 가고 있었다.

놀이에 빠진 아이들이 미처 차를 보지 못한 것이다. 그렇다손 네다섯 살 아이들을 향해 따발총 같은 경적을 울려서 되겠느냐고, 원망과 비난의 '말 총'을 쏘아본들 멀어져간 운전자의 귀에 닿을 리 없었다.

엄마 품에 안겨 눈물 콧물이 범벅되어 소리 높여 울던 아이들은 차례로 울음을 그쳤다. 그런데 옆집 아이가 울음을 그치지 않았다. 어르고 달래도 그치기는커녕 까무러치듯 얼굴이 파랗게 되어 숨이 넘어갔다. 놀란 엄마는 아이를 둘러업고 병원으로 달려갔다. 병원에서 경기驚氣에 처방하는 주사를 맞고야 아이는 울음을 그쳤다.

어릴 때의 그 일이 충격으로 남아서일까? 아들은 자동차의 경적을 들으면 신경을 칼로 긁는 것 같다고 했다. 아들의 이 말은 운전하면서 함부로 경적을 울리지 않게 하는 제어장치가 되었다.

나는 여간해서 경적을 울리지 않는다. 가끔, 골목 차도에서 뒤에 오는 차를 흘끔흘끔 보면서도 엉덩이를 실룩이며 거북이걸음을 하는 사람을 본다. 그럴 때는 부아가 치밀어 클랙슨을 누르고 싶은 충동이 일어난다. 그렇지만 참는다. 한 사람을 각성하게 하려고 열 사람의 귀를 피곤하게 할 수는 없어서다.

그렇다고 경적이 반대 기능만 하는 건 아니다. 운전하다 보면 피차간에 위험을 알려야 할 순간이 의외로 많다. 그런 의미에서 경적은 사고를 막아주는 데 한몫을 하는 유용한 도구다. 뒤차를 보지 못하고 차선을 변경하는 운전자에게 위험을 알리는 신호로 경적만큼 신속한 게 없다.

특히 고속도로에서 경적의 효용은 극대화된다. 고속도로를 달리다 보면 군데군데 '졸음운전 차에 클랙슨을 울려주세요'라는 문구가 보인다. 어떤 곳은 현수막으로, 어떤 곳은 전광판의 자막으로 운전자들의 눈을 상기시킨다. 나도 졸음운전을 하다 뒤차가 울려준 경적 덕분에 큰 사고를 방지한 경험이 있다.

중요한 약속이 있어 고향길에 나선 날이었다. 전날 밤 제대로 잠을 이루지 못해 출발 때부터 정신이 몽롱했다. 중간쯤 갔을 때, 쏟아지는 잠을 주체할 수 없었다. 엎친 데 덮쳐 쭉 뻗은 고속도로를 달리는 차들이 내는 엔진 소리가 자장가처럼 잠을 부추겼다. 노래를 부르고, 창문을 올렸다 내렸다 해봐도 잠은 좀체 나를 놓아주지 않았다. 몰아내려 안간힘을 쓸수록 사정없이 눈꺼풀이 내려앉았다. 쉼터나 휴게소가 나타날 때까지는 졸지 말자며 눈을 부릅떴지만 깜빡 졸음에 그만 지그재그 운전을 했던가 보다. 그때

연속으로 울려대는 경적 소리에 정신이 번쩍 들었다.

그러고도 그 차는 안심이 안 됐던지 내 차를 앞서가며 연방 비상등을 깜빡거렸다. 나도 전조등을 깜박거려 고맙다는 마음을 전했다. 그제야 그 차는 안심했다는 듯 속도를 올려 내 눈에서 사라졌다. 경적이 불쾌감을 주기도 하지만 생명을 지키는 귀중한 신호가 될 수 있음을 새삼스레 깨달았다.

경적만 양면 역할을 하는 게 아니다. 사람이 살아가는 데 동전의 양면이 아닌 게 별로 없다. '빨리'와 '위험' 역시 동전의 양면이다. 신호등이 바뀌기를 기다려 안전을 선택하는 게 나을지, 뒤차의 조바심에 비위를 맞춰 눈치껏 끼어들기를 해야 할지 셈을 하는 사이 직진 신호등이 초록 신호로 바뀐다. 우회전하려고 브레이크에서 가속기 페달로 발을 옮기는 찰나, 뒤차에서 또다시 빵빵 경적을 울린다.

"에구, 조금만 참지!"

귀신이 듣고 있다

오랜만에 만난 후배에게 안부를 물었다.

"가족 모두 괜찮아?"

국민의 다수가 겪었다는 바이러스에 가족들이 무사한가를 묻는 인사였다. 후배의 표정에 야릇한 웃음이 스치더니 선뜻 대답하기 곤란하다는 듯 "괜찮다고 자랑하면······." 하고 말끝을 흐렸다. 나는 웃음으로 대신하는 후배의 대답에서 가족 모두 무사하다는 것을 알아들었다. '자랑하면'의 뒷말에는 '귀신이 들을까 봐'가 생략되었다는 것도 알아들었다.

조상으로부터 물려받은 유전자 속에 생활 속의 미신이 공고히 흐르는 아날로그 세대인 나와, 산천이 세 번이나 바뀐 뒤에 태어난 디지털 세대의 후배가 귀신이 들을까 염려하는 정서를 공유한다는 사실이 신기했다. 의식 속에 체화된 깊고 깊은 민속신앙의 뿌리를 확인하는 순간이었다.

 옛날 어른들은 자랑하는 소리를 '귀신이 듣는다' 라고 무척이나 경계했다. 특히 건강에 관련된 자랑은 금기어에 가까웠다. "나는 감기 같은 거 잘 안 걸린다." 든가 "쟤는 배탈 같은 거 잘 안 해." 따위 말을 하면 여지없이 "귀신이 듣는다." 라는 꾸지람이 돌아왔다.

 아기를 두고도 통통하다니 예쁘다니 하는 말을 못 하게 했다. 아기를 어를 때 "어이구! 그 녀석, 밉기도 하다."가 잘 생겼다는 말을 대신하는 공통 언어였다. 예쁘다거나 잘 생겼다고 하면 귀신이 질투해서 병고나 사고를 안겨준다고 했다. 나는 이런 말을 일상에서 노래처럼 듣고 자란 세대다.

 얼마 전, 바이러스 검사에서 양성 판정이 나왔을 때도 어김없이 떠오른 생각이 '귀신이 내 말을 들은 게 아닐까?'였다.

 남편이 심장을 시술한 기저 환자라는 핑계로 동아리 모임에서 친척 모임까지 사람이 모이는 곳에는 가지 않았다. 백신접종도 3차까지 완료했다. 보름 동안, 검사 전날 병원에 다녀온 외에는 별다른 외출을 하지 않았다. 병원에도 남편의 보호자로 따라갔기에 사람들과는 가까이 접촉할 기회가 없었다. 그런데도 검사 결과가 양성이었다.

 검사 전날, 아들에게서 바이러스 조심하라는 전화가 왔다.

"쓸데없는 염려 마라. 내가 코로나 걸리면 대한민국에 코로나 안 걸릴 사람 없다."

큰소리 땅땅 치고 나서 마음이 찜찜했다. 이튿날, 찜찜한 기분은 현실로 나타났다. 아들과 대화한 지 열두 시간이 채 지나지 않았는데 몸살 기운이 있어 '항원 자가 검사'를 했다. 이게 뭔 일인가! 진단키트에는 양성을 나타내는 두 줄의 빨간 줄이 약 올리듯 선명했다. 아들과의 대화를 귀신이 엿듣고 심술을 부린 게 아닌가 하는 생각이 먼저 스쳤다. 실제로는 귀신의 위력을 믿지 않는 내가 사안이 발생하면 습관처럼 귀신을 생각하는 근원이 있을 터였다.

'귀신이 든는다.'라는 말은 문명사회 이전, 일상을 지배하던 토속신앙에서 움텄을 것이다. 유구한 샤머니즘의 세월을 거쳐 과학이 지배하는 현세에 이르기까지 사라지지 않고 이어져 오는 건 우리의 DNA 속에 관습적 사상으로 녹아있기 때문일 것이다. 거기다 매사에 까불지 말고, 넘치지 말라는 교육적인 효용도 한몫했으리라.

어린아이들을 훈육할 때 귀신의 존재를 빌려오는 것처럼 효과적인 방법도 없었다. 전래동화나 구전으로 내려오는 설화를 통해 귀신이 무섭다는 것을 알고 있는 아이들은 '귀신이 든는다.'라는 말만 들어도 옷깃을 여미고, 넘치려는 말의 입단속을 할 수밖에 없었다.

내 어머니는 미신과는 거리를 멀리하고 살았다. 점도 치지 않았고, 일곱 남매 자식 중에 사주 궁합 보고 짝을 맺은 사람이 없다. 그런데도 '귀신이 듣는다.'라는 말로 자식들의 언행에 제동을 걸곤 했다.

  나 역시 자식을 키우면서 '귀신이 듣는다.'라는 말을 곧잘 읊었다. 세상에는 설명이 되지 않는 차원의 세계가 있는 모양이다. 나의 이성은 귀신을 사람이 만들어낸 허구의 존재로 정의한다. 그런데도 걸핏하면 귀신이 듣는다는 말로 아이들을 접주었다. 그것은 내 안에 체화된 관습적 미신 사상이 아직껏 건재하고 있다는 걸 증명한다. 희한하게도 "나는 감기 같은 거 잘 안 한다." 자랑하는 말을 하면 이삼 일이 안 가 콧물을 흘리고 재채기를 하는 일이 생겼다. 우연의 일치라고 하기에는 그 횟수가 만만치 않았기에 내 깜냥으로는 달리 설명할 길이 없다.

  아들과 동시대에 태어난 후배 역시 미신과는 사뭇 거리가 먼 신세대이다. 그녀도 내 아들처럼 엄마로부터 '귀신이 듣는다.'라는 말을 듣고 자랐을 것이다. 사랑하는 딸들에게도 자신이 들었던 말을 하면서 키울지도 모른다.

  현세는 과학이 지배하는 시대다. 그런데도 관습적 미신 사상은 무의식 상태로 우리 안에 잠재하고 있다가 어느 순간 불쑥 존재를 드러낸다. 삶을 지탱하는 기본의 가치로, 과함을 제어하는 사회적 기준점으로 우리의 마음 깊은 곳에 여전하게 살아 있음을 한 줄 말로 증명한다. "쉿, 귀신이 듣는다."

산 조상 죽은 조상

설날 아침이 평일처럼 조용하다. 아이들은 사정이 있어 오지 않았다. 사람의 마음은 얼마나 가벼운가!

"명절 차례 안 지내는 데다 아이들이 오지 않아서 편해서 좋다."

큰소리는 쳐도 조상님께 죄송해서 마음이 천근이다. 둘이서만 오도카니 있으려니 가을밤 낙엽 구르는 골목길에 서 있는 듯 고적하다.

"울 엄마는 물밥이라도 얻어 자시는지 모르겠네. 염치 바른 양반이라 쫄쫄 굶지는 않으신지?"

가라앉은 공기를 가르고 남편이 하는 말이다.

"아니, 그런 생각 하려면 차례를 왜 없애요?"

조상님께 가졌던 죄송한 마음은 간데없고 뾰족한 가시 돋은 말투가 툭 튀어나온다.

"그냥, 그럴 것 같다는 말이지!"

한숨까지 내쉬며 하는 남편의 억양에는 허전하고 죄송해하는 마음이 가득 녹아 있다.

물밥은 제사를 지낸 뒤나 굿을 하고 난 뒤에 배고픈 귀신에게 건네는 음식이다. 제사를 올린 뒤 마지막 순서로, 제사상에 올린 음식의 귀퉁이를 조금씩 잘라 제수로 사용한 물이 담긴 대접에 함께 담아서 문밖에 내어놓은 것이다. 그러니 음식이라고 할 수도 없다. 어머니의 혼이 그런 물밥조차 얻어 드시지 못할까 봐 애가 쓰이는 자식의 마음을 헤아려본다. 나도 마음이 편치 않은데 아들 된 마음은 오죽할까.

며느리의 종교가 기독교다. 기독교에서는 제사를 우상숭배라 하여 지내지 않는다. 아들은 결혼하기 전, "자신은 맏아들이어서 제사를 모셔야 한다."라고 제 색시에게 동의를 구했다. 문제는 내색 없이 묵묵히 제사 문화에 순응하는 며느리를 지켜보는 우리의 마음이었다. 교회의 법을 지키지 못하는 며느리의 마음이 얼마나 괴로울까에 생각이 미치면 우리의 마음도 안절부절못했다.

결국 남편은 '죽은 조상보다 산 조상이 우선'이라는 평소의 소신을 내세워 명절 차례를 폐지하기로 했다. 대신, 기제사는 정성껏 모시자고 의견을 모았다. 나로서는 남편의 결정에 반대할 이유가 없었다. 명절마다 며느리의 기분을 살피지 않아도 되고, 뭣보다 잘 먹지도 않는 제사 음식 장만한다고 동동거리지 않아도 되니 일거양득인 셈이었다.

그렇다고 마냥 기분이 좋은 건 아니었다. 조상님께 향하는 죄송한 마음은 장마 뒤에 돋아나는 풀과도 같았다. 도리머리를 쳐 무질러도 다시 순이 돋아서 조상님이 마음에 들어와 조종하는 건 아닌가 하는 생각까지 들었다. 평소에는 '진수성찬을 차려놓은들 흙으로 돌아간 분들에게 무슨 소용일까?' 하는 회의감이 들곤 했었다.

그랬던 내가 차례를 지내지 않으니 '조상귀신이 존재한다면 이 불경을 어찌하나?' 죄의식에서 벗어나지 못한다. 그렇다고 다시 차례를 모시고 싶지는 않다. 불편한 심기야 시간이 지나면 저절로 사라지지 않겠는가.

바야흐로 미풍양속이라고 자랑해 오던 가정의례의 수난 시대다. 특히 제사는 없애거나 줄이거나 하는 게 대세다. 굳건하게 제사 문화를 지켜오던 친정에서도 올해부터 하루에 몰아서 제사를 지내고, 명절 차례도 추석에는 생략하고 설에만 지낸다. 설에 차례를 모시는 이유도 조상님을 위해서가 아니고, 동기간끼리 얼굴 보는 기회라는 명분 때문이다. 문중에서 주관해오던 묘사 역시 지내지 않기로 했다는 연락을 받았다.

옛날 같으면 어림없는 처사이고, 비난의 손가락 세례를 받을 일이다. 그때는 조상이 무서워서도 제사상 음식은 푸짐하게 준비했다. 점을 칠 때 무당에게서 흔히 듣는 점괘가 '배고픈 조상이 해코지해서 잘 풀리지 않는다.'라는 말이었다.

제사가 없는 집에서는 불쌍한 귀신을 거둬주면 복을 받는다고 하여 자손이 없는 조상을 찾아내 중양절인 음력 9월 9일에 제사를 지내주기도 했다. 제사를 없애거나 간소화하는 작금의 세태와는 격세지감이다.

발달한 과학에는 귀신도 힘을 쓰지 못하나 보다. 옛날에는 집안에 우환이 생기면 맨 먼저 조상에 소홀하지 않았는지 돌아다보았다. 사람살이에 배 놔라 감 놔라 간섭하던 귀신은 다 어디로 숨은 것일까? 주변에서 제사를 폐지하고도 해코지당했다는 말은 듣지 못했다.

요즘도 진심과 정성으로 조상을 섬기는 집이 있기는 하다. 그런 집은 차츰 줄어드는 게 대세다. 반면, "당대에는 이 사람 저 사람 눈치가 보여 '억지춘향이'로 제사를 지내기는 하지만 아들에게는 대물림하지 않겠다."라고 힘주어 말하는 사람은 늘어난다. 유구하게 내려오던 제사 문화가 존폐의 갈림길에 섰다. 결국, 죽은 조상은 디지털 문화로 무장한 산 조상을 이기지 못할 것이다.

제사상 표준안

2022년 9월에 '성균관 의례 정립 위원회'에서 제사상과 차례상의 표준안을 발표했다. 조상을 기리는 마음은 음식의 가짓수에 있지 않다는 말도 덧붙였다. 제사나 차례 상차림에서 홍동백서紅東白西, 조율이시棗栗梨柿, 어동육서魚東肉西라는 말이 어느 문헌에서도 나오지 않는다는 설명도 곁들였다. 한순간에 관습으로 굳어진 제사상 형식이 눈칫밥 신세로 밀려나는 순간이었다.

진즉 표준안이 세상에 나왔더라면 제사 많은 집안에 맏며느리로 살다 저세상 가신 분들 살아생전 시집살이가 덜 고단했을 테고, 제사로 빚어진 가정불화나 형제불화도 덜 했을 것이다. 나 역시 제사를 두고 오랜 시간 마음고생하는 일도 없었을 것이다.

금세기 들어 제사 문화가 상상을 초월할 만큼 소용돌이치며 바꾸고 있다. 제사를 모두 합쳐 하루에 지내거나, 아예 없애는 집도 늘어만 간다. 이런 시대를 제대로 읽지 못한 뒤늦은 표준안 발표에 기막혀하면서도 정신의 한쪽을 누르던 돌덩이가 치워진 듯 마음이 가벼운 나는 얼마나 이율배반적인가.

우리 집에서는 진즉에 규범을 따르지 않는 제사상을 차렸다. 그 상차림이 용케도 성균관에서 발표한 차례상의 표준안과 다르지 않았다.

"제사상도 거슬러 올라가면 어느 한 사람의 머리에서 비롯되었을 테니 우리는 우리 식대로 제사상을 차리자." 라는 남편의 제안을 선뜻 실행으로 옮기기는 주저되었다. 조상께 큰 잘못을 저지르는 것 같았고, 친척 어른들께도 눈치가 보여 용기가 나지 않았다. 그러기를 한두 해, 결국 경제적인 이유에다 편한 맛에 홀려 간편 제사상 차리기를 실천에 옮겼다.

저녁 밥상에다 가짓수 한두 가지 더 늘려 제사상으로 대체한 지 20년이 넘었다. 탕국 대신 평소대로 끓인 맑은 소고깃국을, 산적 대신 양념불고기를 올리는 식이었다. 제사 음식에는 마늘과 고춧가루를 쓰지 않는다는 금기도 깼다. 과일은 조율이시 형식에 마음 쓰기보다 우리가 좋아하는 과일 몇 가지로 대체했다. 살아있는 우리의 입맛에 맞춰 제물을 차렸으니 불경한 처사임은 분명했다.

그때만 해도 제사 음식을 산 자의 입맛에 맞추는 행동은 파격이었다. 형식을 따르지 않는 제사상 차림에 사람들은 부럽다고 말은 하면서도 여전히 자신들이 지켜온 관습을 지키려고 노력했다. '도둑은 세상 사람이 다 도둑이 되기를 바란다.'라는 옛말이 있다. 혹간 모임에서 제사 얘기 나오면 내가 지내는 제사가 얼마나 편한지, 어떤 이점이 있는지 입이 아프도록 읊어대는 내 심정이 그랬다.

한 해에 열두 번의 제사를 모시는 집에서 맏딸로 나고 자란 내가, 피가 되고 살이 된 고유한 의식을 바꾸는 데는 몸이 편한 만큼의 마음고생이 뒤따랐다. 한겨울에도 찬물에 목욕재계한 뒤 마련한 제수 음식으로 홍동백서, 조율이시, 어동육서 따져가며 차린 제사상 앞에서 두 시간 넘도록 제를 올리는 부모님을 보고 자란 남편 역시 마냥 마음이 편해 보이지는 않았다. 시대를 앞서가는 깬 사람이라고 큰소리는 쳐도 주위에서 간소한 제사를 올리는 자신을 두고 상것이라 흉볼지도 모른다는 자격지심을 완전히 털어내지는 못했다.

우리가 관습과 현실 사이에서 마음의 불편을 겪는 동안 세상이 달라졌다. 형식을 지키려는 통념이 첨단의 문명에 힘을 잃는 속도는 상상을 초월했다. 관습의 탑이란 얼마나 허약한가. 절대로 허물어지지 않을 것 같았던 수백 년을 쌓아온 제사 문화가 기우뚱거리기 시작했다. 나는 간편하게 마련한 음식으로 제사 탑의 조약돌 하나 뽑았다면, 셀 수 없는 여럿은 탑을 지탱하는 고임돌을 합세해서 빼내었다. 그것은 폭풍 같은 힘을 가진 도미노였다. '제사는 정성들여 지내야 복을 받는다.' 그 말을 들은 지 엊그제 같은데 제삿날의 횟수를 줄이거나 없애는 현상이 유행병처럼 번지는 중이다. 작년부터 우리도 명절 차례는 지내지 않는다.

제사의 기본 규범이 도미노로 무너지는 마당에 음식을 간소화한 '제사상 표준안'이 무슨 소용인가. 가뜩이나 발표한 내용 중에 제사 횟수를 줄이거나 없애도 무방하다는 내용은 눈을 씻고 봐도 없다. 제사 문화가 이 땅에서 흔적 없이 사라진 뒤 그때 가서 제사는 안 지내도 된다는 때늦은 표준안이 등장할지도 모르겠다.

연가시

너럭바위에 웬 사마귀가 볼볼 기고 있다. 알이라도 품었는지 터질 듯 배가 볼록하다. 곤충의 세상에서 먹이사슬의 최강자가 풀 한 포기 없는 너럭바위에 뭣 하러 왔을까? 유년 시절, 날카로운 이빨에 물리면서도 장난감 삼아 갖고 놀던 기억이 있어 녀석의 출현이 자못 반갑다. 가족에게도 보여줄 요량으로 배낭에서 비닐을 꺼내 녀석을 가둔다.

이십여 분이 지났을까. 녀석이 어찌하고 있나 들여다봤더니 이십 센티 길이의 회색 실 같은 것이 사마귀 사이에 엉켜 있다. 처음엔 사마귀에서 나온 분비물인 줄 알았다. 그런데 아니다. 구불구불 움직이는 모습이 비닐에서 벗어나기 위하여 몸부림치는 연체동물 같다. 깨끗한 비닐에 사마귀만 넣었는데 도대체 괴생명체가 어디서 왔을까? 호기심에 비닐 주둥이를 열어두고 놈의 동태를 지켜보기로 한다.

실 같은 몸에 눈이라도 붙었는지 구부렁구부렁 비닐에서 나와 물 있는 쪽으로 작정한 듯 움직인다. 바위의 물 고인 웅덩이에 이르자 스르르 미끄러져 들어가 물속을 유영한다. 그 품새가 자유를 얻음에 환호하는 듯 힘차다.

궁금한 마음에 생명체 모습을 찍어 포털 사이트에 올려 얻은 대답이 연가시의 일종이라는 해석이다. 연가시라면 TV의 다큐 화면에서 본 적이 있다. 아프리카의 어느 가난한 부족 마을에 사는 소년이 불에 타는 것 같은 뜨거운 고통을 못 이겨 강으로 달려가 물에다 발을 담그자, 1m가 넘는 길이의 연가시가 살을 뚫고 나와 물속으로 사라졌다. 소년의 고통을 헤아릴 새도 없이 사람의 몸에서 어떻게 그런 해충이 기생할 수 있는지 몸서리쳤다. 그 연가시의 일종이 보라는 듯 내 앞에서 헤엄을 치고 있다.

풀에 사는 사마귀가 연가시의 숙주가 되리라고는 생각하지 못했다. 유충에 감염된 잠자리를 잡아먹은 대가로 연가시의 숙주가 되는 화를 당한 것이다. 사냥에 온 힘을 기울여 천적을 키워낸 사마귀의 일생이 기구하다. 뱃속에서 날름날름 먹이를 가로채 성장한 연가시는 종족을 퍼트릴 시기가 되면 제 몸에서 생산한 화학물질로 숙주를 조종하여 물가를 찾아가게 하는 능력이 있다고 한다. 미물의 살아가는 방식이 놀랍고도 기괴하다.

더욱 아연한 건 사마귀가 위기에 처함을 배 속에 있는 연가시가 알아챘다는 사실이다. 웅덩이의 물속을 유영하는 저 실 같은 미물이 비닐에 갇힌 사마귀의 상태를 위기로 감지하고, 사마귀의 몸에서 탈출했다는 거 아닌가! 물까지 만났으니 연가시는 제대로 뜻을 이룬 셈이다. 이쯤 되면 연가시는 미물이 아니라 생명을 보전하는 능력의 천재다.

　연가시를 품고 견뎌온 사마귀의 시간을 헤아려 본다. 사냥한 먹이를 아무리 취해도 배고팠을 것이다. 종래 터질 듯 부풀어 오르는 배를 안고 고통을 견디느라 몸부림쳤겠지. 내 눈에 띄지 않았더라면 연가시가 조종하는 대로 물가로 내려가 흐르는 물에 목숨을 담보했을 것이다.

　사마귀의 몸피는 절반으로 줄었다. 가벼운 몸으로 본향인 풀밭으로 곧장 날아갈 거라는 기대와 달리 기운 잃은 모습으로 비닐 안을 떠나지 않는다. 갑작스러운 고통에서의 해방에 정신 차릴 시간이 필요했을까? 아니면 오늘이 사마귀의 목숨이 끝나는 날인지도 알 수 없다.

　사마귀를 보면서 인생을 생각한다. 사람의 정신에도 연가시가 산다. 내 머릿속에 몇 종류가 사는지는 나도 모른다. 노년 들어 생긴 건망증은 기억을 가로채는 연가시 때문이다. 지식을 아무리 섭취해도 놈 때문에 나의 정신은 가난해져 갈 뿐이다. 나이가 깊어질수록 사람과의 관계에서 소외되는 느낌 또한 연가시라 할 수 있다. 의지를 곧추세워도 그것들은 나날이 덩치를 키우는 절망으로 내 안에 기생한다.

   그 연가시들이 나의 정신을 갉아먹고, 평화를 갈취한다. 그러고는 죽음으로 닿는 외통수 길로 몰아넣으려 한다. 시간이 흘러 외통수 길의 끝자락에 닿았을 때, 그제야 나를 괴롭히던 절망은 미련 없이 내게서 떠나갈 것이다.

모지랑비

 우리 집 벽에는 특별한 빗자루 하나가 걸려 있다. 닳고 닳아 초라하기 그지없는 이 비는 어머니가 마련해준 혼수품이다. 오방색의 노끈으로 멋을 부린 손잡이는 단아했었다. 부챗살같이 펼친 '비날'은 처녀의 머리채처럼 풍성했다. 두 손으로 쥐어야 비질을 할 수 있을 만큼 무게감도 있었다. 그랬던 비가 비날이 모지라지고 색이 바래 옛 모습은 흔적이 없다.
 신혼 짐을 풀었을 때, 갈대로 만든 비가 나와 어리둥절했었다. 혼수 장만은 물론 결혼식에 따른 비용이나 몸수고마저도 스스로 해결한 딸에게 따로 해줄 것이 없던 어머니의 마음은 헤아렸으나 빗자루는 왠지 생뚱스러웠다. 혼수로 비를 가져간다는 말은 아무에게서도 듣지 못했던 터라 그 깊은 마음까지는 생각이 닿지 않았다.

　신혼살림을 시작한 손바닥만 한 단칸방은 걸레로 훔치기만 해도 순식간에 청소가 끝이 났다. 비는 할 일이 없었다. 장식품처럼 벽에 걸려서 우리의 일거수일투족을 내려다보는 게 일이라면 일이었다. 새신부의 단꿈에 젖은 나는 신혼의 행복이 사는 내내 이어질 거라고 굳게 믿었다. 방이 옹색하다는 생각이나 다가올 날에 대한 불안 같은 것은 먼지 한 톨만큼도 없었다. 이런 내가 철 안 든 하룻강아지라는 걸 알아채기까지는 그리 오랜 시간이 필요하지 않았다.

　단칸 셋방이 두 칸 전세방이 된다고 행복의 지수가 커지는 건 아니었다. 되레 잘 달리던 두 개의 바퀴가 엇박자를 내는 횟수만 잦아졌다. 자고새면 마음 수북이 불만이 쌓였다. 놀고 있던 비에 눈길이 갔던 게 그 무렵이었다. 하루에도 몇 번씩이나 비를 내려 마음 바닥을 쓰는 심정으로 집안의 먼지를 떨어내고 바닥을 쓸었다. 때로는 쓴 곳을 다시 꾹꾹 힘주어 쓸었다. 그럴 때마다 비날이 닳았다. 그러고 있으면 소용돌이치던 마음이 잔잔해졌다.

　어머니는 아버지에 대한 불만이 쌓일 때나 유난스러운 시집살이를 견디어 낼 때, 어린 나를 붙들고 "여자는 참아야 한다."라고 노래를 불렀다. 그 말이 내게는 당신의 마음을 다독이는 독백으로 들렸다. 그런 말을 할 때, 어머니는 비를 들고 어딘가를 쓸었다는 것을 화난 마음을 재우면서야 기억해냈다. 그제야 어머니가 왜 비를 챙겨주었는지에 생각이 미쳤다. 속상한 일이 생길 때, 티끌을 쓸며 마음을 다스리라고 마련해 준 빗자루라는 걸 비로소 깨달았다. 어머니는 당신의 삶에 비추어 딸이 겪을 마음고생을 지레짐작했을 것이다.

동물은 어미의 행동에서 생존의 방법을 터득한다. 사람도 마찬가지다. 비에 담긴 어머니의 마음을 깨닫기도 전에 나는 벌써 어머니처럼 하고 있었다. 속상한 일이 생기면 온 집을 윤이 나게 쓸고 닦는 것으로 마음을 삭이는 내 모습은 영락없는 어머니 판박이였다.

아버지가 밖에서 밤샘하고 들어온 날, 어머니는 내가 하는 사소한 말대꾸에도 빗자루를 거꾸로 들고 등짝을 때렸다. 말귀도 제대로 알아듣지 못하는 딸에게 여자는 조건 없이 참아야 한다고 노래는 불러도 솟구치는 마음속 울화를 어머니인들 어찌할 수 없었을 것이다.

어느 신부님은 강론 중에 평화로운 가정을 들여다보면 반드시 한 사람이 죽어지낸다고 했다. 내 형제자매는 부모님이 다투는 모습을 보지 않고 자랐다. 일곱 남매가 다툼 없는 집에서 자랄 수 있었던 것은 어머니가 참고 희생한 덕분이었다고 믿는다.

풍성했던 비날이 닳아서 모지랑비가 된 걸 보면 나도 꽤나 마음고생하면서 살았구나 싶다. 마음이 비처럼 닳는 물체라면 내 마음도 모지랑비 꼴이 되어 있을 것이다. 청소기를 들이고도 마음이

어지러운 일이 생기면 비를 들고 바닥을 쓸곤 했으니, 빗자루야말로 나와 고苦를 함께 나눈 동지였던 셈이다.

열정이 식어서일까. 아니면 삶의 연륜이 쌓여서일까. 나이 깊어지니 화 삭일 일이 별로 없다. 비는 쓸모를 잃고 길고 긴 휴식에 들었다. 쓸모를 잃었어도 어머니가 마련해 준 혼수라는 이유로 버리지 못했다.

걸어둔 채로 잠깐 들썩였는데도 삽시간에 발아래가 티끌로 어지럽다. 빗자루에 생명이 있다면, 참아낸 세월보다 삭아서 바스러지는 지금을 더 비참해 할 것같다. 제 몸에 새겨졌을 힘들었던 날의 기억까지 고스란히 가져가기를 바라는 심정으로 벽에서 비를 내린다. 벽에 난 모지랑비 자국이 유난히 선명하다.

제4부

시간의 모래알

나이 들어 하는 삶의 리모델링이란 이런 것일까. 허름해진 벽지를 뜯어내고 새로 바르는 대신 그 위에 세월이 그려내는 얼룩진 낙서를 그대로 두는 것, 발걸음을 재촉하는 시곗바늘에 무심한 것, 창문에 맺힌 안개 그림을 의미를 두지 않고 헤아려 보는 것, 오늘이 어제 같고, 내일이 오늘 같아도 아쉬워하지 않는 것, 누군가가 나를 흉봐도 그러려니 하고 미소 짓는 것.

- 시간의 모래알
- 정물의 시간
- 그 집
- 함수 비가
- 껍데기
- 기프티콘 선물 소동
- 버려진 우물
- 먼 곳
- 거울 속의 이방인
- 유모차
- 황혼의 그림자
- 뜨거운 눈물

시간의 모래알

 내가 잘하는 게 뭘까? 딱히 떠오르는 게 없다. 곰곰이 생각하니 한 가지가 있다. 내가 잘하는 건 나이 먹는 일이다. 이렇게 말하면 혹자는 "너만 나이를 먹는 게 아니지 않는가. 나이처럼 공평한 것이 어디 있나? 누구나 저절로 먹는 나이를 혼자만의 장기라도 되는 듯 말하느냐?"고 할지도 모른다.
 우리는 시간이라는 값에다 노력을 들여 유형이든 무형이든 소득을 챙긴다. 그 소득이라는 게 삶을 영위하게 하는 수단인 재화일 수도 있고, 영혼을 살찌우는 지식일 수도 있다. 인류의 안녕을 위하여 헌신하는 봉사일 수도 있다. 노년의 세계에 들어선 나는 이 모두에서 제외된 채 나이만 먹는다. 그것도 재주라면 재주다. 나이를 공짜로 먹기가 어디 쉬운가! 그러나 꿈이 없는 공짜는 삶의 존엄을 사위게 한다.

'인생을 리모델링 하자'라는 구호를 내걸고 자신을 쇄신하기로 계획을 세웠다. 오호 통재라! 번번이 노년의 배움은 소쿠리에 물 붓기라는 걸 절감하고 물러섰다.

누군가의 삶은 대리석 계단을 오르는 발걸음 소리처럼 당당하다. 또 다른 누군가의 삶은 종이비행기처럼 신나게 공중을 비행하다가 찰나에 땅으로 곤두박질친다. 나의 삶은 어떤가? 서랍 깊숙이 밀어 넣고 까맣게 잊어버린 모래시계 같다. 모래 알갱이는 서랍 속에서도 쉼 없이 흘러내리고 있었다는 걸 노년이 되고서야 알아챘다. 모래 알갱이 떨어지는 소리를 환청인 양 듣고 있으면 언제 이토록 나이를 먹었나 싶다.

돌아보니, 세월이라는 공장에서 맡은 일을 묵묵히 수행하는 근로자처럼 살았다. 대가족의 맏딸로, 돈이 마른 집의 며느리로, 성미 급한 남자의 아내로, 착한 두 아들의 어미로 사는 동안 곁눈질 한 번 하지 않았다.

똑같은 시간의 흐름이건만 나이가 들수록 가속도가 붙는다. 어린 시절 한때는 시간을 잔뜩 움켜쥐고 흩뿌리곤 했다. 그땐 시간이라는 모래가 영원히 줄어들 거 같지 않았다. 지금은 서랍을 열 때마다 모래더미가 스르르 무너지듯 하루가 쏜살같이 달아난다. 어느새 모래시계를 뒤집는 손놀림도 느려져 흘러내리는 것과 쌓이는 것의 경계가 무의미해졌다.

창가에 앉아 차를 마신다. 찻잔 속에 우러난 찻잎이 산맥을 그린다. 젊은 날의 나라면 이 찻잎을 보고 세계지도를 떠올리고 여행을 꿈꿨을 테지만 이제는 그저 잔을 깨끗이 씻어야겠다는 생각뿐이다.

  나이 들어 하는 삶의 리모델링이란 이런 것일까. 허름해진 벽지를 뜯어내고 새로 바르는 대신 그 위에 세월이 그려내는 얼룩진 낙서를 그대로 두는 것, 발걸음을 재촉하는 시곗바늘에 무심한 것, 창문에 맺힌 안개 그림을 의미를 두지 않고 헤아려 보는 것, 오늘이 어제 같고, 내일이 오늘 같아도 아쉬워하지 않는 것, 누군가가 나를 흉봐도 그러려니 하고 미소 짓는 것.

  어린아이는 모래시계를 흔들며 시간을 마구 휘젓는다. 그러나 나이 깊은 어른은 모래가 다 흘러내린 뒤의 순간을 조용히 기다린다. 그렇게 나는 오늘도 서랍을 열고 투명한 유리병 속에 담긴 생을 들여다본다. 몇 톨 안 남은 모래알이지만 햇살에 비춰보면 아직은 황금빛으로 반짝인다. 이만하면 됐다. 내 남은 인생은 반짝이는 저 몇 알의 모래로 족하다.

정물의 시간

할머니는 오늘도 정지 화면이다. 아파트 3동 들머리 어귀에서 낡은 의자에 몸을 맡기고 오도카니 한 자리를 지킨 지 수 개월째다. 연세는 87세, 허공을 응시하는 뿌연 동공의 눈은 초점이 없다. 햇볕과 바람에 에워싸여 세월을 삭이는 할머니 모습은 그 앞을 지나는 사람들에게 노년의 시간을 미리 보여주는 화면 같다.

"날씨가 찬데 왜 나와 계세요?"

캄캄절벽인 귀는 인사말도 제대로 알아듣지 못한다. 손짓과 발짓을 보태 얻은 대답이 '갑갑해서'라고 한다. 말이 고팠던 것일까, 아니면 사람이 고팠던 것일까? 묻지도 않았는데 경로당은 다리가 아파 못 간다고 한다. 백오십 미터 거리에 있는 경로당을 다리가 아파 못 간다면 아파트 층계는 어떻게 오르내릴까?

둘레둘레 주위를 바라본들 뜨물 같은 눈동자에 사물이 제대로 담길 리 없다. 옷깃을 여미는 음산한 날씨건만 아랑곳없이 자리를 지키는 까닭은 맑은 날 흐린 날을 구별하지 못하는 시각 때문인지도 알 수 없다. 늙음은 얼마나 가혹한가! 푸른 하늘과 계절을 다투어 피고 지는 어여쁜 꽃들을 볼 수 없다면, 살아도 사는 것이 아닐 것 같다.

그녀는 아파트를 에돌아 골목을 치닫는 바람 소리를 듣지 못할 것이다. 사랑하는 사람의 목소리는커녕 바람 소리조차 듣지 못하는 시간은 슬프고도 잔인하다. 세상에는 화사한 은빛의 노년도 쌔고 쌨건만 어쩌다 할머니는 저리도 처연한 모습으로 앉아 있게 되었을까?

고립감이 더께로 앉은 그녀를 뒤로하고 마트로 향하는 발걸음이 무겁다. 요즘 들어 부쩍 기억력이 가물가물하다. 나의 지금은 그녀의 과거이고, 그녀의 지금은 멀지 않은 날에 닥칠 나의 미래일 수도 있다는 사실이 바늘이 되어 가슴을 찌른다. 세월이 촌각의 속도로 달려가고 있으니 할머니의 나이까지는 지척이다. 귀신이 기다리는 만큼이나 두려운 시간이다. 기능을 잃어버린 육신이 무거워 종일 정물처럼 앉아 있는 시간이 내게는 닥치지 않을 거라는 보장이 없다.

그녀의 인생에도 사랑으로 충만한 시절이 있었을 것이다. '바쁘다 바빠'를 외치며 치맛자락에서 회오리가 일도록 살았던 시간인들 왜 없었겠는가. 당신의 분신들을 위해 투쟁하고 헌신하던 시절에는 몸은 고단해도 정신은 행복했으리라.

할머니는 오늘 나의 반면교사다. 내 발로 걸을 수 있고, 내 손으로 사랑하는 사람을 위해 뭔가를 해 줄 수 있는 시간이 얼마 남지 않다는 걸 그녀를 보며 깨닫는다. 남은 인생, 사랑만 하고 살기에도 빠듯하다 하더니 지금의 내 심정이 그러하다. 스스로 움직일 수 있는 지금이 너무나 소중해서 나도 모르게 가슴에다 두 손을 모은다.

마트에 들어서자 삶의 기운이 온몸을 휘감는다. 밝은 조명 아래 카트기 굴러가는 소리가 부산하다. 평소 시끄럽게 느껴지던 소리가 오늘따라 삶을 예찬하는 타악기의 소리처럼 들린다. 물건을 고르고 값을 치르는 자신의 몸짓에 가슴 떨리는 희열을 느낀다. 정물의 시간에 갇히는 날이 오면 그리움으로 남을 오늘이 아닌가. 소소한 일상의 행위들이 축복이었음을 이제야 깨닫다니!

마트에서 돌아온 시각에도 할머니는 여전히 제 자리다. 어여쁜 당신의 피붙이들과 눈 맞추며 미소 짓던 젊은 날의 기억마저 빠져나간 듯 보이는 할머니 모습은 나뭇잎 다 떨어진 고목 같다. 총기 사라진 눈빛과 의지대로 움직일 수 없는 쇠락한 몸에서 풍기는 외로움은 초라하고 남루하다. 그 초라함이 내게로 전이되는 느낌이 당혹스럽다. '근심은 절대 미리 하지 말자'를 수칙처럼 지켜온 내가 지레 느끼는 고립감으로 몸을 떤다.

하늘에서는 눈이라도 오려는지 꾸역꾸역 먹구름이 몰려든다. 날씨가 흐려지거나 말거나 할머니는 여전히 멍 삼매경이다.

그 집

 아들이 가고 나면 빠뜨리고 간 건 없는지 이 방 저 방 살핀다. 집에 다녀갈 때마다 뭘 흘려두고 가는 일이 잦아서다. 아니나 다를까, 이번에는 전화기 충전기를 빠뜨리고 갔다. 멀리 가지는 않았을 것이다. 부랴부랴 전화기를 눌러 아들에게 통화 신호를 보낸다.
 "네, 엄니!"
 "아들, 충전기 빠뜨렸다. 차 돌려서 가져가렴!"
 "충전기 그 집 건데요."
 '그 집'이라니! 아들에게 언제부터 우리 집이 그 집이 된 것일까? 마음에 구멍이 뚫린 듯 허탈하다. 이런 기분은 처음이다. 충격으로 조심해서 가라는 말도 잊고 전화를 끊는다.

'그 집'이라는 말이 뇌리에서 떠나지 않는다. 그러다가 내가 지금 느끼는 상실의 아픔이, 아들에게서 튀어나온 그 집이라는 말이, 부모와 자식 간에 겪어야 하는 필연의 과정임을 깨닫는다. 아들네 집을 우리 집이라고 하는 부모는 없지 않은가.

합수 비가合水 悲歌

 사람들은 이곳을 합수라고 부른다. 두 물이 합쳐진다고 해서 두물머리라고 하는 이도 있다. 이제 그 이름이 무색해졌다. 외줄기 물로 흐르니 합수나 두물머리는 허명일 뿐이다.

 처녀 때, 합수를 처음으로 대면했다. 태어나 그런 모습의 강을 처음 보았다. 낮 동안 많은 비가 내렸던 그날 밤은 유난히 달이 밝았다. 기세 좋게 흐르는 강물 위로 희고도 푸른 달빛이 쏟아졌다. 달빛 아래서 우렁우렁 흐르는 강물은 거대한 두 마리 구렁이 같았다. 그 기세는 두 물이 합쳐질 때 최고점에 이르렀다. 굽이치는 물결 위로 달빛이 만들어낸 윤슬이 춤을 추었다. 자연이 만들어낸 극치미에 몸이 떨리고, 저절로 눈물이 흘러내렸다.

 달빛 아래서 몸을 합하는 물의 세계는 사람 사는 세상과 다르지 않았다. 서로를 탐색하듯 소용돌이치다가 물보라를 일으키며 한 몸을 이루었다. 달과 별이 강물을 어루만졌고, 바람에 이는 물안개가 두 물을 감쌌다. 에로틱의 절정이었다. 온 사위가 사랑으로 취한 것 같았다. 숨죽여 그 모습을 지켜보았다.

결혼한 뒤 다시 찾은 합수는 그 밤의 열정은 간 곳 없이 고요한 모습으로 나를 맞았다. 물결 위로 햇볕이 쏟아지고, 어린이와 피라미 떼가 잔물결을 헤치며 놀았다. 합수가 평화를 구가하던 그 시절, 그 아랫녘에서는 낚시꾼들이 줄지어 앉아 낚싯대를 드리웠다.

합수의 강물은 변덕이 심했다. 고요히 한 몸을 이루어 흐르다가도 추근추근 이어지는 비라도 내리면 두 마리 거대한 야수로 돌변했다. 물이 외치는 고함이 주위를 뒤덮었고, 검붉은 낯빛으로 동심원을 휘돌며 뭇 생명을 위협했다. 폭우라는 응원군이 보태지면 두 물의 기세는 서로를 삼킬 듯 탱천했다. 붉은 노기로 충천한 강물은 절제가 안 되는 부랑아 같았다. 주위 논밭의 형태를 마구 뭉개고야 숙지근해지는 강의 모습에 사람들은 고개를 흔들었다.

강의 패악질이 잦아질수록 합수를 향한 사람들의 원망은 소리를 키웠다. 귀가 따가워진 관에서는 강 윗녘에 댐을 건설해 물길을 돌렸다. 도리없이 합수는 이름만 합수일 뿐, 외줄기 개천의 신세로 전락하고 말았다.

합수의 흥망성쇠에서 우리네 삶을 읽는다. 인생사가 두 물과 무엇이 다른가.

"너는 나의 전부, 너는 내가 존재하는 이유"라고 속살거리던 남녀가 결혼이라는 공동체를 이루고부터 미움과 증오의 너울 파도에 영혼을 저당 잡혀 사는 걸 흔하게 보았다. 이슬비 소리처럼 자드락거림으로 시작된 언쟁이 폭력이 난무하는 싸움으로 돌변하기도 했다. 결국 인내가 바닥난 그들은 따로 가는 인생길을 선택했다. 하기야 저 거대한 자연도 타의의 운명 앞에서 속절없이 갈라섰거늘, 갈대 같은 마음을 가진 인간이야 말해 무엇할까.

달이 뜨고 별빛 내리는 이 밤, 홀로 흐르는 강의 신세가 못내 가련하다.

껍데기

 투명한 형체에 등은 갈라졌다. 갈라진 틈새로 보이는 허물 속은 텅 비었다. 여섯 개의 발은 허공이 된 속과는 아랑곳없이 안간힘을 다해 나무를 붙안고 있다. 무슨 미련이라도 남아있는 것일까? 껍질을 뚫고 날아간 몸체가 다시 돌아오기를 기다리는 것인가? 아니면 어둡고 습한 땅속에서 굼벵이로 산 세월에 그리움이라도 남은 것인가?
 눈앞의 허물은 굼벵이가 매미로 우화할 때 남긴 껍데기다. 껍데기라는 이름을 얻는 순간 풍화의 시간으로 내던져졌다. 미래는 껍데기의 시간이 아니다. 그렇다고 지나온 시간으로 되돌아갈 수도 없다. 오로지 무로 사위어 가는 게 껍데기에 주어진 소명이다. 곧 가을이 저물고 겨울이 닥칠 것이다. 과연, 나무를 훔켜쥔 여섯 개의 발은 몰아치는 눈바람의 시간을 견뎌낼 수 있을까?

흔히들 노년을 껍데기의 시간이라고 한다. 젊을 때는 그 소리를 예사로 들었다. 나이 들어보니 그처럼 적합한 말이 없다. 젊은 날은 인생을 채워가는 시간이고, 노년은 채웠던 것을 소실해가는 시간이라는 걸 노년의 나이가 되어보니 알겠다.

젊은 시절은 갠 날보다 흐리고 습한 날이 더 많았다. 의식주를 버는 일은 만만하지 않았고, 자식을 제대로 키워내기 위해서는 참고 견뎌야 할 일이 더미를 이루었다.

남편과도 걸핏하면 부딪히는 소리가 났다. 그것이 인생의 페이지를 채우는 과정임을 몰랐던 그때는 어서어서 고단한 상황에서 벗어나고 싶었다. 자식들이 저희 세상 만나 떠나고 나면 그동안 홀대했던 자아를 위해 남은 시간 모두를 오롯이 바칠 거라고 다짐했다.

세월이 흘러 자식들은 제 둥지를 가꾸는 중이다. 양가 부모님 저승 가시는 길 배웅도 해드렸다. 그것이 껍데기로 변이되는 과정이었음을 미처 깨닫지 못했다.

모르면 용감하다고 했다. 자식들이 독립한 뒤, 자신과 한 약속을 위해 글을 엮는 세상에 발을 들여 작가라는 명찰을 달았다. 어쩌랴! 아무리 아등거려도 채우는 속도는 비어가는 속도를 따라가지 못했다. 시간이 흐를수록 몸은 낡아 가고, 정신의 창고는 대책 없이 비어간다.

나이 깊어진 지금, 의식주를 위해 아등바등 나부대지 않아도 등은 따시다. 이만하면 인생 태평가를 부를 줄 알았다. 오산도 이런 오산이 없다. 나를 필요로 여기는 대상이 없다는 건 존재할 이유가 사라졌다는 의미다. 포만한 배로 빈둥거리며 누리는 등 따뜻한 방이 가시방석처럼 느껴질 때가 한두 번이 아니다. 그럴 때는 버릇처럼 나의 내면을 들여다본다. 껍데기 말고는 남은 게 별로 없어서 소스라치고, 그러고도 집착을 놓지 못하는 자신에 놀란다.

젊음만 내게서 빠져나간 게 아니다. 친구들은 점점 전화조차 뜸하다. 나 역시 주변 사람들 챙기는 횟수가 줄었다. 전화로 안부를 묻고 수다를 떠는 것도 기력이 따라주어야 가능하다. 금방 둔 곳도 몰라 허둥거리는 횟수가 날이 갈수록 잦아진다. 기억의 곳간이 바닥을 드러낼 날이 멀지 않았다는 조짐이다.

지는 노을이 황홀해서, 깨어진 보도블록 틈에서 수줍게 피어난 작은 별꽃이 안쓰러워 눈물 흘리던 나는 어디로 갔을까? 감동할 줄 모르는 앙상한 껍데기의 모습은 내가 바라던 노년이 아니다.

이런 상황에서 무언가를 이루고자 꿈꾸는 건 어리석고 부질없다고 내면의 내가 외면의 나를 보고 속삭인다. 때로는 힘이 닿지도 않는 정치꾼들에 핏대를 돋우고, 써지지 않는 글감을 붙들고 명작을 만들겠다고 낑낑거리는 나를 한심하다고 조롱한다.

주의를 기울여 다시 한 번 찬찬히 허물을 들여다본다. 풍화될 날이 머지않은 텅 빈 몸체로 나무를 잔뜩 훔켜쥔 모습이라니! 내 눈에는 그것이 가소롭기 짝이 없는 껍데기의 공허한 집착으로 보인다.

기프티콘 선물 소동

 휴대전화기에 카카오 선물 창이 뜨고 이어서 후배의 메시지가 떴다. 앞서 열린 창은 메시지가 뜨면서 시야에서 사라졌다.
 '제과점 매장에 가시면 케이크로 교환되고, 금액만큼 다른 빵으로도 교환할 수 있습니다.'라는 아리송한 문자였다. 고개를 갸웃거리다가 '잘못 배달된 문자 같다.'라는 주석을 달아 후배에게 되돌려 전송했다.
 곧바로 전화가 걸려 왔다. 잘못 배달된 문자가 아니라 수필집을 보내주신 것에 감사하는 뜻으로 선물을 드린 거라며, 표시된 상표의 제과점에 가서 바코드를 보여주면 알아서 해 줄 거라고 했다. 뭔 말인지 접수가 되지 않았지만 요즘 전화기는 그런 장치가 있나 보다 생각하며 감사하다는 인사를 하고 전화를 끊었다.

그때부터 머리가 복잡해졌다. 질주하는 문화를 따라가지 못하는 할머니가 주인인 내 전화기는 화려한 기능을 발휘할 기회가 없다. 기껏 음성통화, 문자, 카카오톡 주고받는 것으로 최신 전화기의 체면치레를 하는 처지다. 그런 내게 기프티콘 선물은 낫 놓고 기역 자 겨우 깨친 사람에게 철학서를 읽으라는 거나 다르지 않았다.

혹시나 어디엔가 있을 바코드를 찾아 전화기를 뒤졌으나 어디에 숨었는지 찾을 수 없었다. 고민을 거듭하다가 문자만 보여주면 가게 직원이 알아서 해 줄 거라던 후배의 말에 의지하기로 했다.

이왕이면 한 해를 시작하는 첫날, 케이크에 불을 밝힌 인증 사진을 보내주면 후배가 많이 기뻐하리라는 생각에 발걸음도 당당히 가까운 빵집으로 향했다. 정월 초하루여서일까. 평소에 근무하던 젊은 직원은 보이지 않고 주인으로 보이는 오십 대의 여자가 나를 맞았다. 후배가 일러준 대로 문자를 보여주었다. 그녀는 무슨 말인지 모르겠다며 그런 선물이 있다는 소리는 처음 듣는다고 했다.

도리 없이 되돌아 나오는데 쉴 새 없이 웃음이 나왔다. 누군가 히죽거리는 나를 봤다면 맛이 간 할머니로 오해했을 것이다. 아날로그 시대에서 뼈가 자란 나는 디지털에 눈 밝은 사람을 만나면 괜스레 움츠러든다. 나보다 열댓 살은 아래인 사람이 그런 방법의 선물이 있다는 사실을 모른다는 게 그렇게 기분이 좋을 수가 없었다. 사람은 자신보다 못한 사람에게 위로 받는 존재라는 사실을 실제로 체험하는 순간이었다.

이왕 나선 걸음, 큰길 건너에 있는 빵집으로 가보기로 했다. 그곳에는 키프티콘 바코드를 찾아낼 실력 있는 직원이 한 사람쯤 있을 것 같았다. 웬걸, 그곳에도 쉰 넘어 보이는 여인 둘이 가게를 지켰다. 내 말을 들은 그녀들은 아주 유쾌하게 그런 방법으로 전하는 선물이 있다고 했다. 이제 됐구나! 안도의 숨을 쉬며 휴대폰에 담긴 문자를 보여주었다. 문자를 읽어본 그녀들은 바코드가 어디 있느냐고 되레 물었다.

"어디엔가 저장돼 있을 거예요. 찾는 방법을 몰라서 그러니 잘 찾아봐 주세요."라며 전화기를 건넸다. 전화기를 받아 든 두 여자는 번갈아서 요모조모 클릭하며 주물럭거리더니 선물한 분이 바코드 보내는 걸 잊은 것 같다고 말했다.

"바코드를 전송한다고 했으니 찾아보면 있을 거예요." 확신에 차서 하는 내 말에 그녀들은 도리질할 뿐이었다. 나는 생각했다. '저들도 모르기는 아날로그 세대인 나나 도긴개긴이구나!'

두 여자의 눈길을 꽁무니로 느끼며 되돌아 나왔다. 그때, 옆에 있는 휴대폰 가게가 눈에 들어왔다. 옳다구나! 저곳이라면 전화기를 전문으로 취급하는 곳이니 어느 파일에 바코드가 저장돼 있는지 알 수 있을 거야. 쾌재를 부르며 문을 밀고 들어섰다. 모니터에 얼굴을 박고 있던 중년의 여인이 고개를 들었다. 정중하게 인사를 하고 여차여차한 사유로 바코드 찾는 방법을 알고 싶어 들렀다고 했다.

"우리, 그런 거 몰라요."

여자는 바깥의 쌀쌀한 날씨 같은 음성으로 대꾸하고는 모니터 화면에 다시 눈을 박은 뒤로 줄곧 고개를 들지 않았다. 나는 졸지에 투명 인간이 되었다. 사람을 앞에 두고 쳐다보지도 않는 여자를 보면서 또 속으로 어림짐작했다. '알아야 할 것을 모른다는 사실이 부끄러워 부러 냉정한 척하는 거야!'라고.

어쨌거나 새해 첫날, 후배를 기쁘게 해주려는 내 계획은 바람 앞에 움츠러든 애벌레 꼴이 되었다. 첨단 기기 사용법이라면 처음부터 아예 배울 생각은 안 하고 나이를 핑계로 도리질부터 했다. 후회를 막급으로 한들 버스 지나고 손 흔드는 격이었다.

집에 돌아와 뒤듬바리 행동한 자신이 부끄러워 화끈거리는 얼굴로 후배에게 문자를 쳤다. "빵집에서 문자만으로는 알 수 없다고 하네요. 후배님이 그 빵 찾아 드시면 안 될까?" 문자를 보내고 일 분이 채 안 되어 카톡 음이 울렸다. '**님이 선물과 메시지를 보냈습니다.' 라는 알림창이 휴대폰에 떴다. 이어서 '즐거운 우리 집 고구마 케이크' 사진이 전송돼왔다.

짚이는 게 있어 지나간 카톡 창을 쭈르르 내려 검색했다. 맙소사! 광고 취급하여 보지 않고 닫은 카카오 선물 창에 금방 후배가 보내온 것과 똑같은 내용이 담겨 있지 않은가. 순간 자신의 부주

의와 무식이 부끄러워 지구에서 칵 사라지고 싶었다. 정월 초하루 아침부터 바코드 운운하며 설레발친 가게들에도 너무나 미안했다. 뒤통수에 대고 정초부터 재수 없다고 투덜거렸을 사람들을 생각하니 얼굴이 화끈거렸다.

'선물함으로 가기'를 클릭해 회원 가입을 하자 그토록 찾아 헤맨 기프티콘 바코드가 모습을 드러냈다. 그게 내 눈에는 여러 개의 검은 바늘 병정들이 춤을 추는 것 같았다. 나는 벌떡 일어나 춤추는 바코드에 맞춰 어깨를 으쓱거렸다.

"후배님 덕분에 신문화 하나를 접수했습니다. 억수로 감사."

내가 보낸 문자에 후배는 손뼉 치는 이모티콘으로 응원을 보내왔다.

버려진 우물

 틈새마다 잡초가 우북하다. 깨진 시멘트 조각이 여기저기 나뒹굴고, 바람이 데려다 놓은 티끌이 구석마다 더미를 이루었다. 눈을 비비고 둘러봐도 사람의 발길이 닿은 흔적이 없다. 한때는 마을 사람들의 젖줄이던 우물이 어쩌다 이 지경이 됐을까?
 우물 안의 물은 온통 초록색이다. 물이끼가 치렁치렁 자란 걸 보면 바닥에는 해감이 더께로 쌓였겠다. 해감 속엔 빨간 실지렁이가 왕국을 차렸겠지! 발걸음 소리에 놀란 개구리 한 마리가 후다닥 이끼 사이로 자취를 감춘다. 초로의 얼굴로 내려다보는 내가 한때는 단발머리 소녀였다는 걸 이 우물이 기억할까?
 수조 벽을 자주 씻어주지 않으면 물이끼가 돋아나 머리채같이 자라곤 했다. 사춘기의 나이부터 꽤 오랫동안 또래들과 어울려 우물을 쳤다. 어른들은 농사일이 바빠 짬이 없었다. 우리도 낮에는 학교에 가야 했기에 밤이 아니면 시간을 낼 수 없었다. 매달 한 번, 등불을 밝혀놓고 우물을 청소한 일은 내 인생 한 자락 예쁜 추억으로 남아 있다.

청소한 뒷날 아침, 맑은 물이 찰랑거리는 우물을 바라보며 느꼈던 충만한 기쁨은 사춘기의 내 영혼에 자양분이 되었다. 그랬던 나의 시간을 우물은 기억하지 못할 것이다. 도회인이 된 나도 우물을 잊고 살았으니까.

원래 이곳은 바위에서 물이 솟는 옹달샘이었다. 마을의 인구가 늘면서 물의 수요도 늘어났다. 때맞추어 나라에서 새마을 사업의 일환으로 농촌의 식수원을 개량하는 사업을 펼쳤다. 우리 마을에도 우물을 개량하는 조건으로 시멘트를 지원했다. 마을에서는 그 시멘트로 샘을 에둘러 사각의 콘크리트 구조물을 만들어 우물의 형태를 갖추었다. 우물이란 이름으로 탈바꿈해도 바가지로 물을 긷는 건 여전했다.

한때는 이 우물도 사랑받았다. 끼니때가 되면 바가지로 물 푸는 소리, 채소를 씻는 사람들의 웃음소리로 왁자했다. 우물터는 아낙들의 사랑방이기도 했다. 서로에게 고추같이 매운 시집살이를 넋두리하고, 도박으로 논을 잃은 남편을 성토하는 장소도 이곳이었다.

이 땅에 경제개발이 한창일 때, 고향 마을에도 산업화의 바람이 불었다. 바람은 우물 인심을 송두리째 바꿔 놓았다. 흔전만전 나누는 찬거리가 돈이 된다는 걸 알아챈 마을 사람들은 농산물을 이고 지고 시오리 떨어진 오일장으로 내달아 돈으로 바꿔왔다. 마을에 전기가 들어오고, 텔레비전이 등장하자 아낙들은 더 이상 우물가에 모여서 하하 호호 수다를 떨지 않았다.

그때까지도 우물이 수돗물에 자리를 내어주는 시대가 올 거라고는 마을 사람 누구도 상상하지 못했다. 물에서 나는 소독약 냄새가 싫다며 수도관 설치를 반대하던 어른들이 뒷산 자락으로 하나둘 거처를 옮기자 비로소 마을에 수돗물이 들어왔다.

그로부터 반세기가 훌쩍 지났다. 바가지로 물 긷는 소리, 여인네들의 수다 소리는 역사가 되었다. 이른 새벽, 물을 길어다 장독대에 정화수 떠 놓고 비손하던 어머니들은 하늘나라로 갔다.

편리라는 이름으로 무장한 도도한 현대문명은 마을이 생겨나고부터 식수의 원천이었던 이곳을 적막 속에 유폐시켰다. 깊어지는 세월 따라 하릴없이 버려져 뭇 미물들의 서식처로 전락한 우물의 신세가 참으로 가련하다.

'우물을 메우면 재수가 없다.'라는 옛말이 무서워 그대로 버려진 우물이 전국에서 몇 곳이나 되는지는 아무도 모른다. 개인이 소유한 집안의 우물도 천덕꾸러기 신세가 되기는 마찬가지다. 생로병사生老病死는 인간에게만 주어진 것이 아니다. 세상에 존재하는 모든 사물은 흥망성쇠興亡盛衰에서 결코 자유로울 수 없다는 걸 우물을 보며 깨닫는다.

　미세하게 이는 잔물결로 존재를 알리는 우물을 우두커니 내려다본다. 물에 어린 하늘이 깊다. 물방개가 물속을 헤엄쳐 다닌다. 미물들의 세상이 되어 시간 속에 팽개쳐진 우물을 내 힘으로 어찌할 도리가 없다는 게 새삼 딱하다.

　사람의 운명인들 다를까. 눈, 귀 어두워지고 뼈마디 앙상한 노년의 시간이 거침없이 다가오는 소리가 들린다. 뚜벅뚜벅! 째깍째깍!

먼 곳

 할머니 한 분이 다리를 바들바들 떨면서 아파트 계단을 오른다. 한 손으로 지팡이를 짚고, 다른 한 손으로 난간대를 붙잡고도 층층다리 한 칸 오르는 데 족히 일 분은 걸리는 것 같다. 무거운 짐짝이 따로 없다. 지팡이에 의지한 당신의 몸이 짐짝이다. 얼른 다가가서 부축하는 내 손을 할머니는 괜찮다며 뿌리친다. 말하는 음절마다 헉헉대는 숨소리가 밥솥 김빠지는 소리 같다. 그런 할머니를 휑하니 앞설 수가 없어 엉거주춤 뒤따르며 보폭을 맞춘다.
 이 층 문 앞에서 걸음을 멈춘 할머니가 가쁜 숨을 가누며 말한다.
 "여기가 우리 집이요."
 "다행이네요."

나도 모르게 다행이라는 말이 툭 튀어나온다. 등 뒤에서 속도를 맞추면서 '육 층까지 언제 가지?' 셈을 하던 참이다.

"이사 온 지 두 달이 지났는데 아줌마는 처음 보네. 몇 층에 살아요?"

구부정한 몸을 지팡이에 의지한 채 할머니가 묻는다.

"육 층에 삽니다."

"아이고, 먼 곳에 사네요."

세상에나! 육 층을 먼 곳이란다. 먼 곳이라는 말이 내 안에 들어와서 초고속으로 뿌리를 내리고 순을 키운다.

그녀의 인생에서도 이 층까지 닿는 몇 계단쯤이야 펄펄 날아오르던 젊은 날이 있었을 것이다. 처한 상황에 따라서 공간적 거리가 멀고도 아득한 시간의 길이로 환치될 수 있다는 것을 할머니를 보면서 깨닫는다. 머지않아 내게도 다가올 시간이다.

청춘의 시기에 생명 있는 것은 모두 죽음에 이른다는 사실을 알고, 삶이란 허무한 거라고 비탄에 젖어 보낸 시간이 있었다. 그럴 때조차도 노년의 세상은 나와는 상관없는 '먼 곳'이었다. 하지만, 잠깐이 아닌가!

인생이 찰나라더니 눈 몇 번 깜박인 것 같은데 상관없을 줄 알았던 세상에 도착해 있다. 늙음이란 얼마나 남루한가. 세월에 삭은 할머니의 모습에서 미구에 닥칠 내 모습을 미리 보는 기분은 고약하다.

어느 작가는 나이 들어 낡아가는 것과 늙어가는 것은 다르다고 했다. 낡아가는 것은 추해지는 것이고, 늙어가는 것은 반짝반짝 지혜를 더하는 것이라고 했다. 지금도 산책을 즐긴다는 백 세가 넘는 어느 철학 선생님을 뵈면 늙음도 윤이 날 수 있다는 것을 실감한다.

문제는 그분처럼 나이들 자신이 없다는 것이다. 머지않아 가슴에 저장해 둔 어린 시절의 초록빛 기억조차도 그리움 한 조각 남기지 않고 사라질 거라는 사실을 두려워하면서 한 발 한 발 층층다리를 올라간다. '늙음은 내 몸이 수레가 된다는 것, 시간이 더할수록 병고와 고독으로 무거워질 수레라니, 갈 길은 아득하고, 생명의 목적지는 멀기만 할 텐데!' 지레 근심하며 육 층을 향해 발걸음을 옮긴다.

거울 속의 이방인

 가끔 자신이 낯설게 느껴질 때가 있다. 의지와는 다르게 행동할 때가 있어서다. 사리 판단을 바르게 하는 마음의 눈이 필요한 이유다. 살면서 눈으로 보이는 외모를 두고는 내가 아닌 존재로 느껴보지 않았다. 그 불문율이 거울 앞에서 그만 깨지고 말았다.
 아파트 입구 노점에서 '옛날 과자'를 팔기에 한 봉지 샀다. 값을 치르려는데 장수가 하는 말이 뜬금없었다.
 "눈을 보아하니 내 또랜데 입은 옷은 처자 옷 같고."
 연로한 장수의 중얼거리는 말이 화살이 되어 귀에 꽂혔다. 주위에 누가 있나 둘러봐도 나 말고는 손님이 없었다. 떫은 감을 씹은 기분이 되어 물었다.
 "사장님 연세가 어떻게 되시는데요?"

"일흔한 살이요. 손님 옷이 엄청 젊네요."

그는 끝말을 흐리던 앞서 말과 다르게 옷이 젊다는 말에 힘을 주어 대답했다.

옷이 엄청 젊다니! 흰색 바지에 검은색의 헐렁한 셔츠를 입기에는 내가 너무 늙었다는 소리 아닌가. 상대의 나이를 말할 때, 예상한 나이보다 낮춰 말하는 건 보통 사람의 처세 방법이라는 걸 그 이인들 모를 리 없다. 허투루 듣고 넘기려니 그 말의 까닭이 마음에 걸렸다.

집에 돌아오자마자 거울을 보았다. 눈을 치뜨기도 하고, 내리뜨기도 하고, 수없이 깜박거려봐도 일흔의 노인 눈으로는 보이지 않았다. 옷을 훑어봐도 내 나이대 입성에 특별히 거슬리는 점을 찾지 못했다. "영감이 눈이 삐었나?" 불쾌한 기분을 추스르며 중얼거리다가 스치는 생각이 있어 돋보기를 끼고 다시 거울을 보았다.

맙소사! 웬 늙은이가 뚫어져라 나를 보고 있지 않은가. 저 노인네가 누구인가? 누가 우리 집 거울에 들어와 나를 보고 있는가? 거울 속의 낯선 존재는 볼수록 나이 든 노파에 가까웠다. 가뜩이나 작은 눈이 눈꼬리가 내려앉아 삼각형 모양으로 바뀌었다. 눈빛은 총기를 잃어 흐리멍덩하고, 눈 아래 불룩하게 쳐진 눈그늘은 보기에도 민망했다. 누런 미농지를 잔뜩 구겼다 펴놓은 듯한 자잘한 주름살에 등고선 같은 굵은 선이 셀 수 없이 그어진 얼굴은 어느 사진에서 본 주름투성이 할머니를 연상하게 했다.

근년 들어 생긴 자잘한 주름살이 노안의 증상이 심해진 내 눈에 보일 리 없었다. 그동안 거울을 통해 봐왔던 맨드리한 모습은 좋지 않은 시력이 만들어낸 사기 마술이었다. 착각도 자유라는 말이 있지만 이쯤 되면 착각이 아니라 거울에 보이는 자신에 기만당한 것이다. 그 기만 덕에 젊은이가 입을 옷을 즐겨 착용했으니 기막힌 일 아닌가!

달포 전에 본 여자의 모습이 새삼스레 생각난 까닭이 무엇일까? 왕복 6차선 반대편에서 신호등 바뀌기를 기다리는 그녀는 짧은 반바지에 긴 머리를 늘어뜨린 신세대였다. 건널목을 건너면서 흘낏 스친 그녀는 환갑 진갑 다 지난 초로의 여인이었다. 그때 받은 생경한 느낌은 거의 충격에 가까웠다.

짧은 반바지 아래로 드러난 탄력 잃은 허벅지, 불그레한 목주름이 고스란히 드러나게 입은 깊게 파인 셔츠, 그 차림에 길게 늘어뜨린 생머리는 보기에도 송구했다. 젊은이라면 발랄하고 예뻐 보일 매무새를 나이 많은 여자가 하고 있으니 내 눈이 동티를 일으킨 것이다. 다른 사람 눈인들 다를까. 사회적 통념에 길든 우리 눈은 보편에서 벗어난 걸 관용하지 않는다. 패션이 자유라고 하고, 젊게 입는 게 대세라고는 하지만 반세기 나이를 접고 입은 옷차림은 왠지 낯설고 부담스럽다.

그녀의 지인들은 이렇게 말하지 않았을까! "어머, 젊어 보여요."라고. 그 말을 곧이곧대로 믿은 결과가 잠깐 스친 내게까지 거북한 느낌을 안겨준 건 아닐까. 여간 가깝지 않고는 본 대로 느낀 대로 조언하는 사람이 드문 세상이다. 보는 사람이 말해주지 않으면 거울에 비치는 모습에 속을 정도의 시력으로는 진정한 내 모습을 보지 못한다.

 과자 장수가 왜 그런 말을 했는지 비로소 짐작이 갔다. 백바지에 박스형의 헐렁한 셔츠 차림이 손녀 옷을 입고 나온 듯 낯설어 보였던 게다. 청춘의 옷으로 사위어가는 생기를 불러올 수 없다는 건 노년의 비애다. 그보다 더 큰 비애는 내가 나를 모른다는 사실이다.

 시력 나쁜 눈으로 백날을 거울과 마주한들 뇌파에 전해지는 얼굴은 진짜가 아닌 이방인이라는 걸 오늘 알았다. 돋보기를 통해 본 주름투성이 노인이 진짜 나의 모습이라는 것도 오늘 알았다. 하루에 몇 번씩이나 거울을 보면서도 깊게 드리운 늙음을 보지 못한 것처럼, 마음눈이 노안을 일으켜 사리 판단이 흐리다면 작은 일이 아니다. 마음눈에는 따로 쓸 돋보기도 없지 않은가.

유모차

우리 집 창고에는 유모차가 한 대 있다. 손녀의 백일 때를 맞춰 마련한 것이다. 공교롭게 아들네 가족이 올 때마다 날씨가 좋지 않아 이용할 일이 없었다. 어느덧 손녀는 초등학교 졸업반이 되었다.

쓸모를 유예 당한 유모차는 바퀴 한 번 굴러 보지 못하고, 십 년 넘는 세월을 상자 안에서 잠자는 중이다. 남이라도 사용하게 하자는 나의 제안에 짝지는 "훗날 필요한 시간이 올 텐데, 그때 실버카 해야지." 라며 고이 보관했다.

그 말을 들었을 때 가슴이 철렁했다. 유모차가 지팡이를 대신하는 시대라고들 하나 빈 유모차 미는 할아버지는 보지 못했다. 미래의 주인으로 나를 지목한 셈이다. 그 말을 들은 뒤로는 유모차

밀고 가는 할머니가 예사로 보이지 않았다.

종종 아파트 후문 가파른 돌층계 아래에서 우두커니 앉아 있는 꼬부랑할머니를 만난다. 층계 위에까지 올려 줄 누군가를 기다리는 것이다. 운이 좋아 나 같은 사람을 만나면 기다리는 시간이 쉬이 종료되지만 오가는 사람 뜸할 때는 제법 긴 시간을 무료히 앉아 있어야 한다.

연세가 아흔둘인 할머니는 우리 아파트에서 근처 주택으로 이사한 분이다. 친구분들이 모두 이곳에 살고 있어 오전에 아파트 경로당을 찾아와 시간을 보내다가 저녁나절 집으로 돌아가신다. 아파트 정문을 이용하면 남의 도움 청할 일 없다는 걸 알고 있어도, 정문으로 가는 이백 미터 거리가 천릿길처럼 무서워 지름길인 후문을 이용한다고 했다.

일전에도 유모차를 올려드렸다. 소스라치게도 할머니가 네 발로 엉금엉금 기어서 층계를 오르는 게 아닌가! 몇 달 전만 해도 그런 모습까지는 아니었다. ㄱ자가 무색한 꼬부랑 허리여도 난간을 붙들고 두 발로 걸어서 계단을 올랐다. 불과 한 계절 지났을 뿐인데 그새 네 발로 기지 않으면 계단을 오를 수 없게 되었다.

늙으면 어린애가 된다는 말이 있다. 정신이 아이처럼 천진해진다는 뜻이다. 거북이처럼 기어서 층계를 오르는 할머니를 보노라면 정신만 아이가 되는 것이 아니라 몸의 기능도 아기가 되는구나 싶다. 다르다면 아기의 행동은 성장을 지향하고, 노인은 아기의 몸짓을 하면서 소멸을 향해 퇴행한다는 사실이다.

유모차가 자라는 아기의 탈 것이라면 유모차에서 이름만 바뀐 실버카는 노쇠해 가는 육신을 의탁하는 도구다. 누구라도 기억력이 떨어지고 신체의 기능이 떨어지는 노화의 시간에서 벗어나지 못한다. 태어나 성장하고, 팔팔한 젊음을 구가하다 장년이 되고, 노화의 과정을 거쳐 소멸에 드는 것은 존재하는 모든 생명에 주어진 필연의 여정이다. 그렇다 하더라도 실버카는 사절이다.

TV에서 106세 할머니의 일상을 다룬 다큐를 보았다. 20킬로 쌀 포대를 어깨에 메고 날렵한 걸음새로 걷는 할머니의 모습은 청춘이 따로 없었다. 그분에게 유모차는 농사지은 푸성귀를 나르는 도구일 뿐이었다. 사람마다 생명의 길이가 다르듯 건강지수 역시 천차만별이라는 걸 106세 할머니는 온몸으로 보여주었다. 꾸준한 운동과 절제된 생활, 그리고 삶을 긍정하는 자세가 유모차가 필요 없는 노년을 선물해 준 듯했다. 신체검사 결과는 더욱 놀라웠다. 신체 나이가 70세라니 할머니께 나이는 숫자에 불과했다.

돌층계 아래서 유모차를 올려 줄 누군가를 하염없이 기다리는 92세 할머니와 이십 킬로 쌀 포대를 휘딱 들어 어깨에 둘러메고 마을의 경로당을 찾아가는 106세 할머니의 삶을 저울에 올려본다. 두 분이 거쳐온 삶의 행로에서 무엇이 인생 말년의 모습을 저리 다르게 바꿔놓은 것일까? 한 분은 이백 미터 거리를 천릿길로 느끼고, 한 분은 힘든 일이 생기면 '그까이꺼'라며 대수로이 여긴다.

'성격이 운명이다'라는 말이 있다. 닥치지 않은 미래가 걱정되어 손녀의 유모차를 갈무리해둔 우리의 행위도 성격의 산물일 터다. 앞날의 어디쯤, 유모차를 밀어야 걸을 수 있는 시간이 기다릴 거라고 지레 두려워하며 속을 끓였다. 이런 성격이 유모차를 미는 인생 말년으로 안내하는 계기가 될까 두렵다. 오래 살까 봐 걱정하는 마음은 또 얼마나 컸던가.

 사람들은 유모차와 실버카로 이어진 긴 시간을 인생이라 부른다. 걱정도 팔자라고 했다. 무에서 왔다가 무로 돌아가는 인생 과정에서 잠깐씩 필요한 유모차가 걱정의 도구가 될 줄 몰랐다. 갈무리해둔 유모차가 웃을 일이다.

황혼의 그림자

구부정히 걸어오던 할머니 한 분이 나를 향해 머뭇머뭇 말을 건다.

"저어, 내가 영어도 좀 하고 일본어도 좀 하는데."

무슨 말을 하려고 백발의 할머니가 남의 나라말을 좀 한다고 자랑하는지 생뚱스럽다. "부끄러워서." 하고는 몇 초를 더 뜸을 들이다 꺼낸 말이 뜻밖이다. 전화가 왔는데 어떻게 받는지를 몰라 허둥대는 동안 끊어졌다고 한다. 요점은 어디서 온 전화인지 봐 달라는 부탁이다.

부재중 난에는 스팸으로 보이는 전화번호가 찍혀있다. 안 받아도 되는 전화라는 말에 그녀는 아들에게서 온 전화인 줄 알았다며 손으로 가슴을 쓸어내린다. 아들이 전화기를 새것으로 바꿔준다고 해서 그러지 말라고 손사래를 쳤는데도 기어이 바꿔 사람을 난처하게 한다고 볼멘소리다. 말은 그리해도 아들이 새 전화기 익숙해질 때까지 헌 전화기도 같이 갖고 다니라고 했다며 얼굴 한가득 주름꽃이 핀다. 그러고 보니 그녀의 목에 전화기 나이로는 환갑 진갑 다 지난 고릿적 폴더 폰이 매달려 있다.

"꼴은 이래도 나는 이게 정이 들어 쓰기 좋아요."

말문이 열리니 실타래가 풀리듯 이런 말 저런 말이 이어져 나온다. 자신의 아들딸이 어디에서 어떻게 사는지, 손자 손녀가 얼마나 예쁜지를 일면부지一面不知인 내 귀에다 쏟아놓느라 숨이 차다. 나는 저녁 찬거리는 무엇으로 할까를 생각하느라 건성으로 듣는다. 그녀에게는 말을 하는 틈틈이 '내가 영어도 좀 하고, 일본어도 조금 할 줄 안다.' 라는 말을 간주처럼 넣는 버릇이 있다. 새 전화기를 어찌 쓰는지 도통 모르겠다는 말은 후렴구다.

"연세 많아지면 다 그렇지요. 저는 전화기 바꾼 지 한참 지난 지금도 옆집 신혼부부에게 수시로 묻는걸요."

건성으로 듣는 게 미안해서 장단을 맞춘다.

묻는다는 말에 동류의식이라도 발동한 것일까? 급기야 어떻게 해야 전화를 받고, 걸 수 있는지 가르쳐 달라고 한다.

'오호라, 이제까지 아들네로, 딸네로 말 나들이한 것은 부탁을 위한 시그널이었구나!' 어쨌거나 스마트 폰에는 왕초보인 나에게 사용법을 알려달라는 사람이 있으니 오래 살고 볼 일이다. 다행히 그녀가 원하는 기능 정도는 알고 있어 기꺼이 낯선 전화기에 코를 박는다.

에구, 잠깐이면 될 줄 알았는데 아니다. 똑같은 설명을 반복하는데도 그녀의 기억은 도로아미타불이다. 한 동작 한 동작을 내 전화기까지 동원해 일러준 뒤 해보라고 하면 순서를 잊어버린 손가락이 하릴없이 공중에서 맴을 돈다. 세 살짜리도 이만큼 반복하면 따라했을 거라는 말이 목젖까지 차올랐다 되넘어간다. 그러구러 흘려보낸 시간이 삼십 분은 족히 된 듯하다.

사람들이 본다면 인적 뜸한 골목길에서 두 할머니가 머리를 맞대고 뭐 하나 할 것 같다. 나이 들면 눈치만 남는다더니, 큰 숨을 쉬다가, 주변을 살피다가 하는 내 모습이 그녀의 눈에 딱 걸린 모양이다. 무안한 듯 이제는 혼자서도 할 수 있겠다며 전화기 케이스를 서름서름 닫는다.

"그래도 그렇지, 아들 목소리라도 들어보세요."

내 말에 전화기를 다시 열어 어줍은 동작으로 숫자판을 꾹꾹 누른다. 에구, 전화번호 알뜰히 외운들 무슨 소용인가! 통화 버튼 누르기를 잊었으니 신호가 갈 리 만무하다. 시간이 바쁜 나는 애써 모른척한다. 그녀는 아들이 전화를 안 받는다고 얼버무리고, 나는 정신없는 할머니를 데리고 거짓불을 유도한 것 같아 기분이 찜찜하다.

그녀가 겪은 그간의 상황이 눈에 본 듯 훤하다. 가까운 곳에 산다는 아들은 엄마를 만날 때마다 목이 따갑도록 사용법을 설명했을 것이다. 전화를 걸고 받는 실전도 소홀했을 리 없다. 오죽하면 묵은 전화기를 해지하지 않고 목에다 걸고 다니게 했을까! 그녀는 갑갑한 자기 모습을 아들에게 보이기가 미안하고 싫었던 게다. 차라리 모르는 사람 붙들고 도움을 청하는 게 마음이 더 편했을지도 모른다.

말은 생각을 담는 그릇이라고 했다. 그녀가 영어와 일본어 좀 할 줄 안다는 말을 거듭하는 까닭을 생각해본다. 타인의 눈에 자신의 정신 상태가 무식 때문으로 비칠까 두려웠을 것이다. 아니면 자존심을 지키려는 노년의 아집이었을까. 이런들 저런들 아름다운 행태는 아니다.

나 역시 나이에 과부하가 걸리고부터 관공서나 은행에서 도우미가 자진해 다가와 도움을 주려고 하면 서식 하나 작성하지 못하는 무식한 노인처럼 보이나 해서 마음이 불편했다. 대화를 나누다가 안 써도 되는 콩글리시 외국어가 불쑥 튀어나오기도 했다. 방송에서 외국어 남발해 국어를 망친다고 흥분하는 내가 이런다. 무식한 노인네라는 구설을 들을까 미리미리 배수진을 치는 것이다.

내 안에는 나이에 대응하는 두 개의 내가 있다. 늙는 것도 자연현상이라며 깜박거리는 정신에 담담하게 순응하는 나와 어떻게 하면 나이 든 티를 감추고, 가난해져 가는 정신세계를 들키지 않을까를 고민하는 내가 하루에도 몇 번이나 충돌한다.

그녀인들 들은 것을 머릿속에 저장하는 기능이 위험수위까지 떨어졌다는 걸 왜 모르겠는가! 시간이 흐를수록 기억력은 떨어지고, 부끄러움 지수는 높아질 거라는 것도 알고 있을 것이다. 종래는 어린 날의 기억조차 망각하는 시간이 오리라.

고맙다는 인사를 남기고 허정허정 걸음을 옮기는 그녀를 바라보며 나는 도무지 자리를 뜨지 못한다. 수년 뒤의 내 모습을 미리 보기 하는 심정이 되어 망연히 서 있는데 가던 걸음 멈추고 몸을 돌린 그녀가 대뜸 "바이, 바이, 쌩큐!", "아리가토 고자이마스 사요나라!" 하면서 손을 흔든다. 기어이 남의 나라말 조금 한다는 걸 증명해 보이고야 돌아서 가는 그녀의 뒤를 무심한 황혼의 긴 그림자가 기우뚱기우뚱 흔들리며 따라간다.

뜨거운 눈물

사시사철 대문이 열려있는 주택에 세 들어 살 때였다.

어느 날, 세 살인 둘째를 재워놓고 십여 분 걸려 가게를 다녀왔다. 그 잠깐 사이, 잠자고 있어야 할 아기가 보이지 않았다. 한 살 위인 첫째가 울먹이면서, "아기가 물에 퐁당 **빠졌다**"라고 말했다.

집 가까운 곳에 폐쇄된 우물이 있었다. 달려가 우물을 내려다봤더니 깊고 깊은 원형의 적막이 숨을 죽이고 올려다보았다. 무섬증이 몰려왔다. 절대로 아닐 거야, 도리질하며 우물을 떠나 아기를 찾아 나섰다. 그때가 오전 10시였다.

이웃까지 동원해 마을의 골목을 모두 뒤졌으나 아기를 찾지 못했다. 봤다는 사람도 없었다. 경찰서에 신고하고, 온갖 나쁜 생각으로 망연해 있는데 아기를 찾았다는 연락이 왔다. 마을 뒤 한길을 가로지르는 다리 위에서 울고 있는 아기를 방위병 청년이 발견했다고 했다. 그때가 오후 세 시였다.

세 살 아기가 다섯 시간 동안, 혼자 울며 헤맨 것이다. 아기를 발견했다는 곳은 집에서 경사진 길을 한참이나 올라가야 나오는 산으로 이어진 다리였다. 설마 아기가 그 방향으로 갔을 거라고는 예측하지 못했다. 작은 아장걸음으로 '엄마 찾아 삼만 리' 되는 거리를 어떻게 갔는지 귀신이 곡할 노릇이었다.

아기를 품에 안자 그치지 않고 눈물이 흘렀다. 그 기분을 어떻게 표현할지 말을 찾지 못했다. 형언할 수 없는 기쁨이라거나 감사의 눈물 같은 그런 말 말고 마땅한 표현이 있을 것 같은데 찾지 못했다. 눈물이 뜨거웠다는 기억은 지금까지 생생하다.

세월이 흘러 중년에 이르렀다. 큰아들이 S대에 합격했다는 발표에 아들과 남편은 감격하여 펄쩍펄쩍 뛰었으나 나는 도무지 실감이 나지 않았다.

며칠 뒤, 합격증을 받기 위해 서울행 고속버스에 몸을 실었다. 서울까지 가는 내내 아들의 이름이 없으면 어쩌나, 심장이 떨리고 간이 조마거렸다.

합격증 교부처에 들어섰을 때는 숨이 잘 쉬어지지 않았다. 합격증과 입학안내서를 받은 뒤, 건물 바깥으로 나와 조심조심 펼치는 손이 벌벌 떨렸다. 틀림없는 아들 이름의 합격증을 보고야 기쁨이

차오르며 눈물이 흘렀다. 하늘을 올려다보는데 몸이 둥둥 공중으로 솟아오르는 거 같았다. 희한한 체험이었다.

당시 우리 가족은 남편의 사업이 어려워져 사방이 절벽인 고도에 갇힌 기분에 휩싸여 있었다. 이런 우리에게 아들의 합격은 한 줄기 빛과 같았다. 신께 감사하는 기도를 드렸다. 눈물이 비 오듯 쏟아졌다.

우리는 슬플 때나 억울할 때 눈물을 흘린다. 기쁠 때도 눈물을 흘린다. 그중 가장 뜨거운 눈물은 절망이 기쁨으로 환치될 때 저절로 솟구치는 눈물이라는 걸 그날 알았다.

박동조 수필집

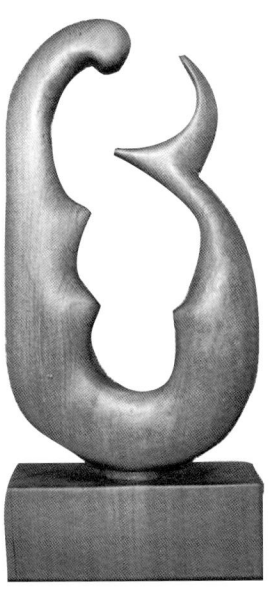

이 변화무쌍한 시대를 힘겹게 살아가는 분들께
첨단 문화에 쩔쩔매는 어리바리한 저의 모습이 백신이 되기를,
아울러 작은 위로가 되길 희망합니다.

우리시대의 수필 작가선 117

물꽃

박동조 2025

인쇄일 | 2025년 08월 25일
발행일 | 2025년 08월 30일

지은이 | 박동조
엮은이 | 이유희
편집인 | 이숙희
발행처 | 수필세계사
인쇄처 | 포지션

출판등록 | 2011. 2. 16 (제2011-000007호)
주소 | 41958 대구광역시 중구 명륜로 23길 2
연락처 | Tel (053) 746-4321 / Fax (053) 793-8182
E-mail | essaynara@hanmail.net

값 13,000원
ISBN 979-11-93364-17-8

* 이 책은 울산광역시, 울산문화관광재단 '2025년 예술창작활동(문학)
지원사업'의 지원을 받아 발간되었습니다.